OSER LA RENCONTRE

Cécile Dionne

OSER LA RENCONTRE

Foi et psychanalyse

MÉDIASPAUL

Médiaspaul reconnaît l'aide financière du Gouvernement du Canada par l'entremise du Fonds du livre du Canada (FLC), du Conseil des Arts du Canada et de la Société de développement des entreprises culturelles du Québec (SODEC) pour ses activités d'édition.

Conseil des Arts du Canada — Canada Council for the Arts — Patrimoine canadien — Canadian Heritage — Société de développement des entreprises culturelles — Québec

Catalogage avant publication de Bibliothèque et Archives nationales du Québec et Bibliothèque et Archives Canada

Dionne, Cécile, 1943-

Oser la rencontre : foi et psychanalyse

Comprend des réf. bibliogr.

ISBN 978-2-89420-851-9

1. Psychanalyse – Aspect religieux – Christianisme. 2. Foi. 3. Psychothérapie analytique – Aspect religieux – Christianisme. I. Titre.

BF175.4.R44D56 2011 261.5'15 C2010-942501-4

Composition et mise en pages : *Robert Charbonneau*
Maquette de la couverture : *Fabienne Prieur*
Illustration de la couverture : © *Bigstockphoto*

ISBN 978-2-89420-851-9

Dépôt légal — 1er trimestre 2011
Bibliothèque et Archives nationales du Québec
Bibliothèque et Archives Canada

 Médiaspaul
3965, boul. Henri-Bourassa Est
Montréal, QC, H1H 1L1 (Canada)
www.mediaspaul.qc.ca
mediaspaul@mediaspaul.qc.ca

Imprimé au Canada – Printed in Canada

À tous ceux et celles qui m'ont révélé
la beauté et la force de la vie.

INTRODUCTION

Une alliance possible

UNE PSYCHOTHÉRAPIE ANALYTIQUE apparaît comme une odyssée hasardeuse et quelque peu déraisonnable pour qui n'en a pas fait l'expérience. Comme la foi d'ailleurs semble un investissement peu sérieux aux yeux de celui ou celle qui ne s'intéresse qu'au vérifiable et au rationnel.

Les deux démarches s'inscrivent dans une expérience relationnelle basée sur la foi en l'autre, expérience plus ou moins communicable, plus ou moins transmissible. N'est-ce pas souvent sur la parole d'une personne de confiance témoignant de son parcours que l'on décide de risquer l'aventure dans l'un et l'autre domaines ?

De même que l'inconscient se manifeste par des signes interprétés grâce à l'association libre et aux rêves, le divin se révèle lui aussi à travers des manifestations significatives pour ceux ou celles qui se sont ouverts à cette possible réalité. Et, si la psychothérapie analytique permet d'accéder à une connaissance de soi en profondeur qui donne sens à son histoire, la foi conduit à un regard nouveau sur son être et son parcours désormais relu comme une histoire sacrée.

Voilà quelques similarités entre deux domaines souvent vus comme inconciliables. Peut-on en effet s'adonner à la pratique de la psychothérapie analytique et conserver sa foi chrétienne ? Sexualité, plaisir, liberté, altruisme, épanouissement personnel, autant de valeurs perçues différemment par les tenants de chaque doctrine. Y a-t-il véritable incompatibilité ou simplement malentendu ?

Je me suis souvent interrogée sur cette possible alliance au cours de mes années de formation en psychothérapie psychanalytique. Éduquée dans une famille profondément chrétienne au sein de laquelle avait germé ma vocation de religieuse ursuline, j'ai parfois éprouvé de la méfiance, voire des résistances face à certains éléments de la théorie freudienne qui m'apparaissaient, à première vue, exagérés, biaisés, tels que le rôle de l'inconscient dans le quotidien et celui de la sexualité si déterminant dès l'enfance.

En même temps que mes études, je poursuivais l'enseignement de la catéchèse à des adolescentes. Leurs questions sur la morale chrétienne concernant l'éthique de la sexualité rejoignaient les interrogations d'un groupe de femmes engagées dans l'Association féminine d'éducation et d'action sociale (AFEAS), groupe dont j'étais l'animatrice spirituelle. Je les écoutais, les unes et les autres, contester la doctrine de l'Église et revendiquer la liberté et le droit à l'épanouissement personnel au nom de certains principes psychologiques à la mode à cette époque.

J'en éprouvais de la peine, même s'il me semblait que leurs contestations et revendications étaient à certains égards légitimes. Cette Église que j'aimais, il m'arrivait moi aussi de la trouver sévère et intransigeante. D'autre part, j'avais pu constater les effets néfastes de certaines dérives, conséquences de l'influence de courants de pensée basés sur une vulgarisation plutôt superficielle des découvertes en psychologie.

À ce moment de mon cheminement, j'avais déjà l'intuition que le christianisme authentique ne pouvait s'inscrire que dans un humanisme véritable. Étaient-ce donc le malentendu, la méconnaissance des deux points de vue qui causaient les oppositions ? Il m'a fallu creuser ces diverses perspectives afin de parvenir à vivre sans hiatus ma vie de femme consacrée et ma mission de psychothérapeute.

Quand je me suis inscrite à l'Institut de Psychothérapie du Québec en 1979, je n'ai donc pas été étonnée que des questions surgissent dans mon entourage : Pourquoi une formation d'inspiration freudienne ? N'y avait-il pas des approches psychologiques moins inquiétantes ? Plus ajustées à mes engagements ? À ce moment-là – et encore aujourd'hui –, Freud était soupçonné de transmettre un enseignement qui pouvait conduire à la perte de la foi et du sens moral. N'était-il pas un athée et un adversaire farouche de la religion, lui qui avait fait la promotion d'une sexualité affranchie de tous les tabous ?

À l'époque, le directeur de l'Institut de Psychothérapie était encore son fondateur, le docteur Henri Samson, jésuite psychiatre dont la renommée m'a permis de maintenir mon choix et de cheminer auprès d'un homme exceptionnel qui avait su intégrer en sa personne les deux réalités apparemment opposées de la psychanalyse et de la foi chrétienne. Ce pionnier dans le domaine à Québec, dans les années 1950, évoluera en distinguant nettement les deux disciplines après avoir cherché avec ses collaboratrices et collaborateurs de l'époque comment articuler l'une et l'autre dans la pratique.

Quand j'ai connu le Dr Samson trente ans plus tard, il était demeuré fidèle à son sacerdoce et à sa vision humaniste chrétienne, mais ses enseignements se situaient alors sur le seul plan scientifique. Il ne tolérait aucunement les tentatives maladroites d'alliage entre les domaines psychologiques et religieux. Attitude de sagesse adoptée, sans doute, à la suite des querelles suscitées par les mises en garde de l'Église, inquiète de l'influence de plus en plus répandue des doctrines freudiennes.

Après plus de vingt ans d'exercice de la psychothérapie analytique inspirée de cette vision humaniste chrétienne, je peux affirmer que si je n'ai jamais vu surgir la foi directement au terme de la démarche psychanalytique, je ne l'ai pas vue disparaître non plus alors que j'ai souvent été témoin d'une maturation de la foi existante et d'interrogations surgissant à son propos après la découverte chez le patient de sa valeur et de sa dignité personnelles.

Un dialogue est possible entre ces deux approches du mystère humain à condition de respecter l'identité de chacun des deux domaines, comme deux conjoints appelés au mariage ne pourront réussir à conjuguer leurs richesses que dans un respect soucieux de sauvegarder l'originalité de l'autre. Sinon, nous risquons fusion et confusion.

L'analyse, selon Marie Romanens, est ouverture aux messages de l'inconscient pour une plus grande compréhension de soi-même tandis que la foi est recherche et expérience du divin à travers l'écoute d'une révélation[1]. J'aime cette définition simple, claire. Elle pose bien les frontières de deux univers réellement distincts qui, cependant, ne peuvent s'ignorer l'un l'autre. Aujourd'hui, c'est bien reconnu, aucune discipline ne peut prétendre à un discours totalisant sur l'être humain.

En effet, nous ne pouvons faire fi de l'équilibre humain dans le développement d'une foi adulte tout comme une recherche dans le domaine psychologique ne peut balayer d'un revers de la main la question du sens et des valeurs. Question que toute personne peut désirer élucider un jour à la lumière de ce qu'elle saisit et perçoit dans l'appropriation de son être. De la même façon que la science et l'art peuvent conduire ou non à la foi, la psychothérapie n'est pas la voie obligée vers l'expérience religieuse, mais elle n'en est pas non plus la voie de sortie ou d'évitement. Foi et psychanalyse diffèrent mais ne s'opposent pas.

Julia Kristeva, psychanalyste contemporaine intriguée par « cet incroyable besoin de croire », parle même d'affinité entre les deux approches caractérisées par le même respect pour la complexité de l'humain. Cette affinité ne pourrait-

[1] Marie Romanens, « À la lumière de la psychanalyse », *Réforme*, n° 3129, mai 2005.

elle pas conduire à une alliance possible entre les deux chemins d'exploration de cette complexité ? Mais, selon moi, ce choix de les concilier ne peut s'inscrire que dans l'histoire personnelle de chacun, chacune, en cet espace, ce creux où se love un mystérieux désir, une inquiétante énigme qui appelle une réponse singulière.

Cette réponse revêt donc un caractère bien personnel et aucune, si réussie soit-elle, ne peut servir de prototype ou de modèle à quiconque accepte de relever le défi d'une telle harmonisation en son être profond. De quelle façon suis-je parvenue à résoudre l'énigme ? Ces pages se veulent tout simplement une réponse à cette question qui me fut posée, un jour, à propos de l'originalité de mon parcours comme religieuse ursuline, psychothérapeute d'orientation analytique.

Au fil des jours, j'ai saisi comment chacune de ces approches enrichit l'autre de son apport particulier, favorisant ainsi un mouvement de réunification de tout l'être. Afin de mettre en lumière ces contributions précieuses, je tenterai d'abord de clarifier certains malentendus qui ont contribué à brouiller le dialogue entre psychanalystes et hommes d'Église.

La psychothérapie analytique donne accès aux profondeurs de l'inconscient et permet d'acquérir une connaissance de soi qui peut devenir un terreau privilégié pour l'accueil de la Révélation. Ce chemin d'intériorité et de maturité peut en effet préparer au cœur de l'être une ouverture au spirituel. Il peut aussi devenir, pour d'autres, une invitation à revisiter leurs croyances et à regarder lucidement les enjeux de leur devenir humain. C'est ce que nous verrons au deuxième chapitre.

Réciproquement, la foi en Jésus Christ peut parvenir à traverser une histoire, une vie, en l'éclairant d'une interprétation qui devient source d'une précieuse espérance. Un courageux parcours psychologique, vécu en toute lucidité, enrichit un être et le révèle à lui-même dans toute sa grandeur. Mais il se peut qu'au terme de la démarche, un désir demeure inassouvi : désir d'infini, soif fondamentale de l'âme que reflètent les grandes questions existentielles avec lesquelles chacun doit composer. Comment la foi chrétienne répond-elle à ce désir ? Il ne faut pas s'illusionner : les événements, les réalités demeureront les mêmes. Ce qui sera transformé, c'est une manière nouvelle de les saisir, de les vivre. Ce sera l'objet du troisième chapitre.

Par la suite, j'esquisserai un parallélisme entre les deux démarches à partir des points communs que nous pouvons identifier entre l'une et l'autre, puisqu'elles s'inscrivent toutes deux dans une expérience relationnelle basée sur la foi en l'autre et sur une quête identitaire significative, fruit d'une parole libératrice.

Des premières années de ma formation jusqu'à maintenant, j'ai cheminé au jour le jour, dans un quotidien parfois lumineux, parfois obscur, en essayant de concilier dans ma vie de femme consacrée la pratique de la psychothérapie psychanalytique et celle de ma foi chrétienne. J'ai voulu le faire dans le plus grand respect de l'une et de l'autre, voire en enrichissant l'une et l'autre de leur apport respectif. À grands traits, je retrace, dans les dernières pages de cet essai, l'itinéraire singulier qui fut le mien sur cette voie de la réconciliation de deux avenues apparemment divergentes, consciente que l'empreinte de mes pas ne constitue qu'un tracé parmi tant d'autres sur la route qui conduit à la découverte de la grandeur et de la beauté de l'être humain.

CHAPITRE 1

Une découverte bouleversante

Dès que les théories freudiennes ont commencé à circuler davantage au milieu du XXe siècle, des mises en garde ont surgi tant du côté scientifique que du côté ecclésial. Le nouveau, l'étrange, l'inconnu n'est-il pas toujours pressenti d'abord comme menaçant ?

Qu'est-ce qui soulevait ainsi des craintes et des peurs assez puissantes pour qu'on brandisse des interdictions et des anathèmes ? Une nouveauté, l'inconscient, pourtant déjà connu, mais jamais exploité comme le fera Sigmund Freud au début du siècle pour explorer le psychisme humain. Une découverte originale tant par ce qu'elle révèle que par la voie choisie pour y parvenir, laquelle donnera naissance à la psychanalyse.

Un des premiers bienfaits de ma formation a été de m'introduire, à travers la lecture de la vie de Freud et de sa volumineuse correspondance, au développement de sa pensée en me permettant de la suivre à travers les méandres qu'elle a connus tout au long de son évolution. Ainsi, j'ai pu saisir davantage l'ensemble de son œuvre en évitant de tirer çà et là des propos qui, hors de leur contexte évolutif, peuvent trahir, diluer ou figer ce qui n'a cessé d'être remis en question par Freud lui-même jusqu'à sa mort.

Pour connaître Freud, l'homme et non seulement le savant, il faut lire ses lettres à Martha, à ses enfants et à ses amis ; on découvre alors toute la sensibilité et la richesse d'une affectivité beaucoup moins perceptibles dans ses écrits scientifiques. Ses élans amoureux, ses observations pleines d'affection pour ses petits-enfants, ses inquiétudes pour ses fils appelés au front, son chagrin lors du décès de sa fille Sophie et de son petit-fils, « ce délicieux petit bonhomme », autant de situations où l'on perçoit tout l'humanisme de celui qui s'intéresse au « traitement d'âme[1] ». Il s'agit ici d'un traitement par des moyens qui agissent sur l'âme, pour un mal prenant naissance dans l'âme, même s'il s'exprime parfois dans le corps. Bouleversé par le décès de son père, le jeune chercheur entreprend de saisir ce qu'il vit à partir de ses rêves. Ce sera le point de départ de sa conviction : les rêves sont

[1] Sigmund FREUD, *Résultats, idées, problèmes*, tome 1, Paris, PUF, 1984, p. 1.

la voie royale vers l'inconscient. Cette recherche constituera les prémices de l'autoanalyse de celui qui depuis longtemps s'intéressait davantage aux êtres qu'aux seuls faits scientifiques.

L'inconscient ? Cette part de nous-même que nous révèle peu à peu l'analyse en permettant de libérer le refoulé, c'est-à-dire ce qui échappe à notre conscience pour diverses raisons. En affirmant cela, Freud professait que beaucoup de nos agirs et de nos décisions proviennent de motifs inconnus de la personne même qui prétend les avoir choisis et voulus. De même, nos inerties, nos paralysies, nos incapacités à... peuvent s'expliquer par des déterminismes noués dans cet espace inconnu de nous-même. En quelque sorte, nous pouvons vivre un peu, parfois beaucoup, en étranger dans notre propre univers.

Il me semble que la découverte de Freud, accueillie avec suspicion, conférait pourtant à l'humanité une profondeur nouvelle et proposait, à travers la psychothérapie, une quête de vérité dans un effort de lucidité susceptible de grandir l'être humain à ses propres yeux. Car plus qu'une théorie, c'est une méthode de compréhension de l'humain que le médecin viennois tentait de transmettre à ses collègues et à toute personne désireuse d'en connaître davantage sur elle-même. En effet, ce qu'il proposait, c'était une façon de devenir de plus en plus maître de notre destinée en favorisant l'émergence des forces qui travaillent en nous à notre insu.

Pourtant, tous ne le verront pas ainsi : les hommes de science pour des raisons scientifiques et les hommes d'Église pour des motifs de foi. En effet, consentir à l'existence de ces forces invisibles qui échappent à notre contrôle devenait la menace la plus redoutée pour une foi qui, à cette époque, avait malheureusement perdu sa saveur évangélique pour sombrer dans une religion légaliste, moralisante, courbée sous un Dieu justicier et une pastorale de la peur. La Bonne Nouvelle apportée par Jésus Christ avait au cours des âges subi l'altération d'une morale devenue étouffante, parce qu'axée sur la répression, morale génératrice de culpabilité morbide et malsaine.

Il importe, je crois, de clarifier un premier malentendu : l'association entre inconscient et athéisme. Bien avant qu'il n'esquisse les grandes lignes de la psychanalyse, Freud avait déjà des positions bien arrêtées sur la question religieuse. La découverte de l'inconscient a pu alimenter ses soupçons mais n'en est pas la cause. Ses expériences antérieures avaient généré de la suspicion pour tout phénomène religieux.

De culture juive, fils d'un père croyant mais affranchi des coutumes hassidiques tout en étant fidèle à la lecture quotidienne de la Bible et à la célébration des grandes fêtes du Pourim et de la Pâque, le jeune Sigmund a grandi sans éducation religieuse véritable.

Il est vrai toutefois que, jusqu'à l'âge de deux ans, il a subi l'influence d'une « nounou » fervente catholique qui l'emmenait dans toutes les églises et le nourrissait d'histoires pieuses et de bondieuseries tout en se permettant de l'éveiller au plaisir sexuel, a-t-on dit... À la suite d'un vol qu'elle aurait commis, la bonne aurait été emprisonnée. Le jeune garçon aurait alors été séparé brusquement de cette femme qu'il avait aimée malgré sa sévérité et ses exigences à son endroit.

L'Autriche était très religieuse à l'époque. Le jeune homme y a vécu certaines humiliations et parfois même, à l'université par exemple, un sentiment d'exclusion qui a pu générer en lui la haine qu'il a nourrie envers l'Église catholique, qu'il considérait comme l'ennemie jurée de la liberté de pensée et de l'avancement de la science.

Juif réfractaire aux prescriptions religieuses d'alors, il sera contraint, pour épouser Martha, l'amour de sa vie, d'accepter de se marier selon le rituel juif. Inutile d'ajouter qu'il ne tarda pas à vouloir libérer son épouse des pratiques religieuses: dès la première semaine de leur vie commune, il défendit à Martha d'allumer les chandeliers de sabbat...

Cette trajectoire semble avoir mis Freud en contact surtout avec les pratiques rituelles qu'il dénonce radicalement, lesquelles semblent pour lui le tout de la religion, ce qui incite Albert Plé à affirmer que « pour l'essentiel, [...] les analyses de Freud sur la religion sont fondées[2] ». Elles dénoncent une religiosité, sorte de défiguration de la foi véritable, et en ce sens, elles apportent un éclairage précieux.

Le pasteur Pfister écrira d'ailleurs à son ami au sujet de leurs divergences de vues sur ces aspects religieux :

> ... la différence repose sans doute sur le fait que vous avez grandi dans le voisinage de formes pathologiques de religion et que vous les regardez comme « la religion », cependant que j'ai eu le bonheur d'avoir pu me tourner vers une forme de religion libre qui vous paraît être un christianisme vidé alors que j'y trouve le noyau et la substance de l'évangélisme[3].

Freud ne parle pas nécessairement de Dieu, mais il parle du dieu des hommes, des dieux. Il

---

[2] Albert PLÉ, *Freud et la religion*, Paris, Cerf, 1968, p. 132.

[3] Oscar PFISTER, Lettre du 20 février 1928, dans Sigmund FREUD, *Correspondance de Sigmund Freud avec le pasteur Pfister*, Paris, Gallimard, 1966, p. 178.

ne parle pas non plus de la foi authentique, la foi adulte qu'il ne semble pas avoir connue, mais plutôt de la foi infantile qui s'exprime dans une religion naïve, celle de sa nounou peut-être, qui a sa valeur sans doute, mais qui mérite bien les critiques que Freud lui applique.

C'est, il ne faut pas l'oublier, un homme de son temps, marqué par le scientisme et le positivisme. Il compose mal avec l'approche plus intuitive des conceptions religieuses non vérifiables selon les critères scientifiques. Son attitude demeure ambivalente : il qualifie les croyances religieuses d'illusoires tout en reconnaissant par ailleurs qu'on ne peut pas plus les réfuter que les prouver. Elles ne sont donc pas nécessairement erronées. Il les juge même utiles puisqu'elles apportent une forme d'aide, de consolation et de compensation.

Ce qui m'étonne c'est que Freud, dans d'autres domaines, a poussé très loin ses recherches dans un indéniable souci d'honnêteté scientifique mais n'a pas investigué davantage du côté religieux. Il semble qu'il n'a pas voulu éclairer cette ambivalence, ses préjugés et son hostilité l'en empêchant, alors que dans tous les autres domaines il n'hésite jamais à compléter, corriger, voire à réfuter ce qu'il a déjà énoncé auparavant.

Il reconnaissait son manque d'ouverture. Il avouait à Romain Rolland, dans une lettre du

20 juillet 1929, que la mystique lui était aussi fermée que la musique, qu'il n'a jamais aimée. Juste avant sa mort en 1938, il reparlera de la mystique comme de « l'obscure perception du royaume situé hors du Moi, du Ça ». L'ouverture au mystère, à ce qu'il n'avait pu s'expliquer à lui-même, semble inconcevable à l'homme de science ; l'obscurité demeure.

Une amie, Lou Andréas-Salomé, l'avait invité à entrer dans cette zone obscure pour lui, l'appelant à considérer la foi comme l'enveloppe fragile du doute puisque, lui écrivait-elle, on ne peut appeler Dieu avec le désir qu'il se présente comme un homme à un autre homme[4]. Elle tentait alors, j'imagine, de lui entrouvrir une fenêtre sur les réalités plus intuitives, au-delà d'un strict rationalisme plutôt asséchant.

Pourtant, au fil de mes lectures, j'ai repéré, çà et là, dans les textes, des expressions révélatrices de ses interrogations concernant « le très énigmatique phénomène émotionnel de la foi ». Par exemple, dans *Moïse et le monothéisme*, il écrit que : « Tout ce qui a trait à la création d'une religion [...] est empreint d'un caractère grandiose

[4] Lou ANDREAS-SALOMÉ, *Lettre ouverte à Freud*, Paris, Lieu commun, 1983, p. 74.

que toutes nos explications ne suffisent pas à éclairer[5]. »

De fait, on dirait qu'il n'a cessé tout au long de sa vie de chercher, tout en la contestant, une explication à la foi des croyants. Sa correspondance a gardé des traces évidentes de cette recherche et l'un de ses plus grands biographes, Ernest Jones, présente son obstination à ne pas croire comme une lutte contre son désir de croire. Ce que semble illustrer de façon fascinante la pièce d'Éric-Emmanuel Schmitt intitulée *Le visiteur*.

Je me demande ce que dirait Freud de cette interprétation, lui pour qui le sens de la vie humaine se réduisait à l'interprétation analytique. Selon sa vision, l'homme parvenu à maturité assume sa condition. Pour lui, la foi correspond à un besoin d'enfant, celui de calmer l'angoisse en recourant à une protection divine au lieu de s'adapter à la réalité. Il semble impossible pour lui d'accéder à l'idée d'un Dieu Père.

Je m'interroge parfois sur la relation à établir entre ce fait et le lien entretenu par Freud avec son père dont la mort a provoqué les débuts de son auto-analyse et l'a conduit à l'élaboration du complexe d'Œdipe. C'est d'ailleurs avec audace

---

[5] Sigmund FREUD, *Moïse et le monothéisme*, Paris, Gallimard, 1948, p. 171.

qu'il établira un parallèle bien discutable entre la religion et les aléas de ce complexe. Cette position lui vaudra les foudres de la hiérarchie ecclésiale. Il serait long de développer ici ce large pan de la pensée freudienne réductrice à l'extrême de la théologie chrétienne.

Dans son livre *Ma vie et la psychanalyse*, Freud reconnaissait lui-même que la découverte de l'inconscient, comme toute autre découverte merveilleuse, ne pourrait à elle seule résoudre pleinement tout problème, de quelque nature qu'il soit. Toutefois, elle semblait « appelée à fournir des contributions importantes aux domaines les plus variés des sciences ». Effectivement, cette contribution a permis une sorte d'épuration du phénomène religieux en favorisant un approfondissement de la foi pour qui veut bien creuser le problème. De fait, plusieurs aspects névrotiques d'une religion mal comprise ont été mis en lumière. Mentionnons: les rites et les prières à caractère magique, les pratiques de cérémonial destiné à obtenir inévitablement les faveurs de Dieu et l'apaisement de sa colère, les scrupules menant à des accusations répétitives incapables d'apaiser des culpabilités angoissantes, les projections sur Dieu des images parentales, les peurs maladives du diable et de son pouvoir qui conduisent entre autres à des pratiques sado-masochistes, le refoulement de la sexualité à l'origine parfois de pseudo-mysticismes.

Mais quand Freud attribue à la régression infantile et à la culpabilité œdipienne l'origine de la religion, quand il la réduit au retour du refoulé et qu'il s'obstine à la définir comme une illusion puisque « les démons et les dieux ne sont en fait que des créations des forces psychiques de l'homme[6] », rien d'étonnant que de telles affirmations aient été, et demeurent parfois encore, pierres d'achoppement et pommes de discorde.

Pourtant, il avait exprimé clairement à son ami le pasteur Pfister au tout début de ses recherches :

> En soi, la psychanalyse n'est pas plus religieuse qu'irreligieuse. C'est un instrument sans parti dont peuvent user religieux et laïcs, pourvu que ce soit uniquement au service de la délivrance d'êtres souffrants. Je suis très frappé de n'avoir pas songé moi-même à l'aide extraordinaire que la méthode psychanalytique est susceptible d'apporter à la guérison des âmes ; mais cela tient sans doute à ce qu'étant un vilain hérétique, tout ce domaine de notions m'est étranger[7].

---

[6] Sigmund Freud, *Totem et Tabou*, (1912-1913), trad. S. Jankélévitch, Paris, Payot, 1973, p. 36.

[7] Sigmund Freud, *Correspondance de Sigmund Freud avec le pasteur Pfister*, p. 47.

Malgré ces affirmations, un fossé s'est creusé au début du XXe siècle entre les tenants de la doctrine freudienne et le monde catholique. En 1953, lors d'un congrès de psychothérapeutes et de psychanalystes catholiques à Rome, Pie XII, tout en manifestant aux congressistes une chaude sympathie, les met en garde contre cette façon de percevoir l'homme comme étant soumis à des forces obscures. Le pape demeure convaincu de la pleine maîtrise de l'homme sur ses comportements et s'oppose à toute idée laissant croire que des puissances insaisissables puissent subjuguer l'être humain.

Il y avait bien aussi tout le discours freudien sur la sexualité qui, interprété de multiples façons, semblait favoriser le libertinage, l'irresponsabilité et le laxisme. D'où une pluie d'avertissements au sujet de cette idéologie jugée dangereuse. En 1961, la congrégation du Saint-Office interdit aux clercs et aux religieux de pratiquer la psychanalyse. Marc Oraison, par exemple, verra ses livres mis à l'index ; Bernard Häring sera l'objet de tracasseries, de procès. C'est le moment qui coïncide avec mon noviciat, au cours duquel j'ai découvert ces auteurs et leur vision nouvelle. Plus près de nous, Eugen Drewermann, pris à parti pour une œuvre considérée comme une menace pour les dogmes religieux, a écrit des pages qui m'ont fascinée par leur réalisme et leur appel à l'authenticité.

Même si raison et révélation se sont opposées au lieu de s'ouvrir d'abord l'une à l'autre, peu à peu, malgré les interdits, des théologiens, des philosophes, des penseurs chrétiens ont continué à puiser dans la psychanalyse des réponses adaptées aux situations humaines auxquelles ils étaient confrontés.

Nommons, entre autres, Denis Vasse, Xavier Thévenot, Anselm Grün, Lytta Basset. D'autres, comme Maurice Bellet, ont multiplié les ouvrages traitant des rapports entre psychanalyse et foi. Au Québec, des religieux comme Noël Mailloux, o.p., Henri Samson, s.j., Claire Dumouchel, s.c.i.m., ont courageusement ouvert la voie et contribué à former des cliniciens malgré le climat suspicieux des années 1950. Ils ont aidé bien des croyants à se dégager de la pratique aliénante d'une religion mal comprise pour adhérer à la foi véritable au terme d'une psychothérapie libérante.

Graduellement, les apports de la psychanalyse ont frayé leurs chemins dans l'Église jusqu'à ce qu'ils trouvent dans le concile Vatican II l'ouverture favorable à leur intégration au sein des connaissances nécessaires à acquérir pour contribuer au développement d'un sain humanisme chrétien.

Actuellement, de plus en plus de rapprochements semblent s'établir entre les deux domaines.

La psychanalyse a continué à se développer, appuyée sur les découvertes de son fondateur mais davantage dégagée de ce qui l'opposait radicalement au spirituel. Des psychanalystes chrétiens, comme Françoise Dolto, ont même affirmé avoir trouvé dans leur foi du courage et de la force pour tenir bon dans leur engagement professionnel.

Dans des études très fouillées, des auteurs, tels Antoine Vergote et Paul Ricœur, ont creusé de façon très éclairante tous ces rapports entre foi, religion et psychanalyse que je n'ai pu qu'effleurer en guise de clarification sommaire. D'autres psychanalystes s'intéressent aux textes fondateurs du monothéisme. Entre autres, Marie Balmary, puis Julia Kristeva, déjà citée. Quand cette dernière, dans son livre *Thérèse mon amour,* attribue à son personnage principal, Sylvia, cette curieuse confidence: «Je m'imprègne de Thérèse, sa foi et sa folie me parlent, et la foi que je n'ai jamais eue n'est peut-être pas si lointaine[8]», je me demande laquelle, de l'auteur ou du personnage, est la plus fascinée par la sainte d'Avila.

De plus en plus, des groupes de recherches, des méthodes d'accompagnement spirituel, des approches psychologiques tentent de rappro-

---

[8] Julia KRISTEVA, *Thérèse, mon amour*, Paris, Fayard, 2008, p. 40.

cher les deux domaines en éclairant les données de l'un par les découvertes de l'autre : pensons, par exemple, à Simone Pacot et à son œuvre sur l'évangélisation des profondeurs.

Ce rapprochement des deux camps adverses permet aujourd'hui à des penseurs comme Jean-Claude Guillebaud d'affirmer que la psychanalyse qui paraissait subversive il y a quelque trente ou quarante ans par son incitation à se libérer de tous les tabous, apparaît aujourd'hui comme la gardienne des limites nécessaires, des frontières à maintenir pour sauver notre civilisation de toutes les dérives et du « vertige transgressif qui les habite[9] ».

Est-ce bien vrai que la découverte, jadis qualifiée d'ennemie déclarée de la foi, puisse devenir, aujourd'hui, une alliée de celle-ci dans sa lutte actuelle pour sauvegarder, dans un monde asséchant, un certain humanisme et une foi véritable, alors que certains courants de pensée sectaire et quelques éléments de droite semblent promouvoir un retour à des pratiques préconciliaires ? Et que, dans un même mouvement, la foi devienne un adjuvant précieux dans le traitement psycha-

[9] Jean-Claude GUILLEBAUD, « Nous guérir du vertige de la toute-puissance », dans J. D. NASIO, J.-C. GUILLEBAUD et A. ABÉCASSIS, *La psychanalyse peut-elle guérir ?*, Paris, Éd. de l'Atelier, Éd. Ouvrières, 2005, p. 43.

nalytique ? Nous savons que la psychanalyse en effet vise à atténuer l'angoisse générée par un sentiment d'être en danger, en manque ou sans réponse face aux questions existentielles[10].

Or, nous verrons que la foi peut contribuer à apaiser des peurs et fournir une certaine réponse aux interrogations angoissantes tout en proposant un sens susceptible de rendre plus supportable le manque, cet espace en creux au plus profond de l'humain. Sans d'aucune façon s'y substituer, elle peut donc soutenir et renforcer l'action thérapeutique chez un croyant.

[10] Alain Houziaux, « Le divin, l'angoisse et la foi », dans J. D. Nasio, J.-C. Guillebaud et A. Abécassis, *La psychanalyse peut-elle guérir ?*, p. 12.

CHAPITRE 2

Un voyage aux profondeurs de l'être

La plupart des personnes qui recourent à la psychothérapie le font pour parvenir à se comprendre et à saisir ce qu'elles sont en train de vivre. Quelque chose de leur vie leur échappe, une part de leur être leur apparaît étrangère à l'image qu'elles ont ou avaient d'elle-même. Une personne, une parole, un événement est venu chambouler leur existence ou encore, depuis toujours, elles cherchent à se mettre au monde sans jamais pouvoir y parvenir. Un désir les anime : vivre enfin ! La force de leur désir devient le moteur de ce voyage aux profondeurs d'elle-même. À partir d'une difficulté, ces personnes en viennent à interroger l'ensemble de leur vie et à relire leur histoire dans une quête de sens qui s'élargit souvent sur plus vaste que leur seul horizon.

Lors du Congrès de la Société canadienne de psychanalyse, à Québec, en juin 2009, le psychanalyste français René Roussillon définissait la psychothérapie analytique comme une méthode d'écoute, de recherche du sens qui conduit à la découverte de l'identité véritable, c'est-à-dire de ce que nous sommes en réalité, au-delà de ce que souvent nous avons pensé être, refusé d'être ou cherché à être. Le travail de l'analyste, selon lui, c'est de proposer à l'autre une pleine saisie de son humanité : « une âme aux racines de chair » selon l'expression poétique de Paul Valéry.

Pour atteindre cet objectif, la thérapie analytique offre un espace où l'on s'initie au déchiffrage du langage des signes révélateurs du monde de l'inconscient. On y apprend à lire la signification des paroles, des actions, des rêves, des gestes apparemment anodins qui jalonnent nos vies et en déterminent le cours sans que nous le soupçonnions. Tout comme la pointe de l'iceberg révèle la présence cachée d'une masse de glace imposante, ce que Freud a appelé « les rejetons du refoulé » tels les lapsus, les actes manqués, les méprises, les oublis, les symptômes, et spécialement les rêves, manifestent la présence insoupçonnée d'émotions, de sentiments, qui sont apparus insupportables, impensables, non intégrables à l'intérieur de la personne qui les a tenus à l'écart de la conscience, à la manière d'un corps étranger.

Développer une saine relation à soi-même

Le premier avantage d'une telle démarche, c'est de permettre à une personne d'entrer en relation tout d'abord avec elle-même, jusqu'à cette part de son être qu'elle a gardée aux oubliettes sans trop savoir, et qui a pu contribuer à neutraliser les forces de vie dont elle est porteuse. Nous sommes essentiellement des êtres de relation, et sans l'établissement en vérité de cette première relation avec nous-mêmes, nous demeurons des handicapés en ce domaine. Car nous entrons en relation avec les autres sous le même mode relationnel que celui que nous entretenons avec nous-mêmes. De là le réalisme de Jésus : « Aime ton prochain comme toi-même » (Lc 10, 27).

Or, une relation vraie avec nous-mêmes présuppose la connaissance en vérité de ce qui nous anime, de ce qui nous agit et nous détermine. Plusieurs mobiles de nos actes demeurent longtemps enfouis dans un inconscient qui s'est structuré à notre insu dès l'enfance. D'où le nécessaire retour dans le passé afin d'accéder aux souvenirs infantiles qui nous ont façonnés et qui, très présents encore dans notre psychisme aujourd'hui, conditionnent notre vie, l'image de nous-mêmes et nous gardent dans un dualisme inconfortable auquel saint Paul fait allusion : « Je ne fais pas ce que je veux et je hais ce que je fais » (Rm 7, 15).

Il m'arrive de comparer le fond de l'être à un fond marin qui fourmille de mille et une formes de vie. S'y côtoient les perles les plus précieuses, les coraux les plus rares, et... les mollusques visqueux, gluants aux tentacules capables de retenir en eux tout essai de remontée vers la surface. Bien des navigateurs sur la mer de leur vie ignorent qu'ils glissent sur un tel paysage sous-marin. D'autres le soupçonnent et évitent de s'enfoncer dans les profondeurs, ils préfèrent se priver de découvertes merveilleuses plutôt que de risquer la rencontre avec les prédateurs des bas-fonds. Ceux qui risquent l'aventure de la plongée avec l'équipement requis remontent radieux, fiers de leur conquête et libérés de toute crainte vaine.

Grâce à l'association libre et à l'analyse des rêves, nous sommes reconduits à nous-mêmes, entraînés au pays de l'enfance et appelés à le revisiter appuyés sur un guide rassurant dont la présence et l'écoute favorisent la levée du refoulement. Des souvenirs se ravivent, des émotions font surface, des colères éclatent et des larmes coulent en libérant des chagrins enfouis sous des épaisseurs de crainte, de honte ou de rage. L'enfant, toujours présent dans l'adulte d'aujourd'hui, retrouve alors son droit d'être lui-même devant quelqu'un qui n'attend rien d'autre que cela.

Nous réapproprier peu à peu, fragment par fragment, notre histoire personnelle, pour une première fois la relire d'un regard neuf, lavé des jugements, des reproches, des attentes des autres ou des nôtres projetées sur eux. Revisiter cette histoire à partir de ce qu'elle a été et non de ce que nous avions cru qu'elle était. Car, souvent, la façon dont nous interprétons les événements contribue davantage à notre malheur que les faits en eux-mêmes. Par contre, certains faits écartés de la conscience ne peuvent être intégrables dans le psychisme qu'à la suite d'un laborieux et pénible travail d'analyse possible grâce à l'alliance qui se développe au fil des rencontres entre le patient et le thérapeute.

Plusieurs détracteurs de la psychothérapie analytique proclament qu'une telle démarche favorise le repliement sur soi et l'enflure de l'ego : le *je-me-moi* gargantuesque au service duquel l'entourage doit se plier. L'égoïsme et le nombrilisme seraient alors encouragés au détriment de l'altruisme prôné par les humanistes, surtout les humanistes chrétiens pour qui cette valeur est primordiale. C'est mal saisir ce que Freud et ses disciples entendent par l'affirmation du moi. Car s'il est vrai que certains peuvent exploiter ce processus, comme tant d'autres méthodes ou théories, pour justifier leur égocentrisme, tel n'est pas le fin mot de l'analyse.

Il s'agit plutôt en fait d'acquérir une connaissance de soi qui conduit à devenir un véritable « sujet », c'est-à-dire un individu responsable de ses désirs, de ses choix, de ses engagements. Le moi, au sens psychanalytique, désigne la part de l'être qui, dégagé, le plus possible, de l'emprise des pulsions et/ou des pressions d'un surmoi tyrannique, parvient à élargir le champ de sa conscience dans l'acquisition d'une liberté toujours à conquérir bien qu'elle soit mieux établie de jour en jour.

Alors que bien des personnes en sont venues à voir leur entourage ou les séquences plus ou moins blessantes de leur passé comme la cause de leur mal-être, le parcours thérapeutique vise à leur faire prendre conscience du pouvoir qu'elles peuvent acquérir sinon sur ce qui leur arrive ou est arrivé, tout au moins sur la façon dont elles peuvent le vivre, le revivre et s'en libérer aujourd'hui. Sur cette route qui conduit aux profondeurs, se découvre parfois un autre visage de la réalité souvent plus vrai que celui qui les hantait et emprisonnait leurs énergies depuis tant d'années.

Si l'atteinte de ce but nécessite pour un temps de tourner sur soi son regard, ce n'est pas pour s'y fixer de manière maladive mais bien pour pouvoir par la suite exercer ce regard de façon plus libre et plus pure comme le suggère Matthieu dans la parabole de la paille et de la poutre (*cf.* Mt 7, 5).

Conquérir son identité

La conquête de notre identité commence par l'acceptation de notre réalité charnelle. Nous avons un corps ! Freud, intéressé dès son jeune âge par le mystère des êtres, a su écouter les malaises physiques de ses premières patientes en cherchant à comprendre ce que leurs douleurs corporelles exprimaient d'un malaise psychique voilé à leur conscience.

Dans une civilisation qui était parvenue à séparer catégoriquement l'âme et le corps, Freud a le mérite d'avoir rétabli le lien étroit qu'il y a entre ces deux parts d'un même être : il s'intéressait à la personne, à toute la personne.

Et il a découvert alors que le refoulement privait l'être de l'accès à toutes ses potentialités et plus encore devenait source de déséquilibre et de dysfonctionnement plus ou moins profond.

Actuellement, ne sommes-nous pas revenus sous d'autres formes à cette dichotomie corps-âme qui contribue à la fragmentation de la personne tout autant qu'à celle de la société entière qui a oublié, comme le dit Boris Cyrulnik, qu'« un homme sans âme n'est pas plus concevable qu'une âme sans homme[1] » ?

Et le corps retrouvé, c'est le corps sexué, médium de la rencontre avec soi et avec les autres. Les théories de Freud en ce domaine ont été bien mal comprises. Il écrira lui-même dans un article de 1923 :

> C'est un fâcheux malentendu, et justifié par la seule ignorance, de penser que la psychanalyse escompte la guérison des maux névrotiques du « libre abandon » à la sexualité. Le fait de rendre conscientes, dans l'analyse, les convoitises sexuelles refoulées rend bien plutôt possible une maîtrise de celles-ci qui ne pouvait être obtenue par le refoulement préalable[2].

Ce que la psychanalyse affirme, c'est la force du désir qui meut l'être humain. Nous sommes fondamentalement des êtres de désir (*cf.* Ap 22, 17). Ce désir gagne à être identifié, nommé afin que nous parvenions à l'orienter et à éviter qu'il ne nous domine à notre insu quand nous le nions et le refoulons. Il m'arrive d'imaginer cette force du désir comme celle de l'eau. Surgit alors l'image du ruisseau qui murmure dans le pré,

---

[1] Boris CYRULNIK, *De chair et d'âme*, Paris, Odile Jacob, 2006, p. 15.

[2] Sigmund FREUD, *Résultats, idées, problèmes*, tome 2, Paris, PUF, 1985, p. 70.

celle de la rivière qui féconde ses berges, celle des barrages hydroélectriques bien adaptés qui la transforment en énergie. C'est la même force de l'eau dont la crue printanière arrache les ponts, fissure les routes, engloutit habitations et habitants quand elle se voit acculée à des embâcles résistants. C'est la même force encore qui minera sournoisement une terre jusqu'à l'effondrement et au glissement quand on lui refuse l'écoulement ou qu'on la détourne maladroitement de son cours naturel.

Freud est parvenu à cette constatation de la force impérieuse du désir par la voie de l'exploration de la libido, terme désignant l'énergie psychique de la pulsion sexuelle. Bien que, dans sa recherche, le père de la psychanalyse ait donné une place capitale aux pulsions sexuelles, il n'a jamais voulu restreindre cette pulsion au seul exercice de la génitalité pas plus qu'il n'a voulu ignorer les formes pulsionnelles nombreuses et multiples à l'œuvre dans l'inconscient humain.

L'étude en profondeur de la pensée freudienne m'a amenée à saisir qu'il nomme sexualité ce dynamisme profond de nature relationnelle, ce faisceau de forces pulsionnelles qui poussent à aller vers l'autre pour le rencontrer, pour l'accueillir et se donner à lui. Si l'instinct sexuel tel qu'on l'entend au sens populaire du terme est partie prenante de ce dynamisme, il ne se réduit pas à ce seul aspect de l'être.

C'est toujours le même dynamisme profond qui meut l'être humain, mais il peut se porter sur divers objets dans un processus qu'on appelle sublimation. Freud a tenté d'expliquer ce déplacement de la poussée libidinale dans les diverses formes de l'art par exemple. Plus d'un se demande pourquoi il ne l'a pas étudié en regard de la foi et de la spiritualité. N'y a-t-il pas qu'un amour ? Celui qui m'établit en communion avec Dieu ne s'appuie-t-il pas sur l'expérience vécue avec mes semblables ?

Détachée des fonctions sexuelles, cette force conserve les qualités essentielles de la sexualité : désir et plaisir de la rencontre. Bien comprise, cette notion de la sexualité correspond à la pensée chrétienne. Jean-Paul II l'a définie comme « signe, lieu et langage de l'amour », mais actuellement, ajoute-t-il, elle est « dépersonnalisée et exploitée[3] ».

C'est tout l'affectif qui est concerné ici, car l'être humain est sexué de part en part et toutes ses relations à lui-même, aux autres, au monde et à Dieu sont colorées par sa manière de vivre sa

[3] Jean-Paul II, *L'évangile de la vie*, Montréal, Médiaspaul, nº 23, 1995, p. 43.

sexualité sans pour autant qu'elle s'exprime dans des rapports réduits trop souvent aux expressions génitales de cette pulsion. Saint Bernard, déjà à son époque, enseignait que c'est par la puissance du désir humain inscrit dans les affects que nous allons vers Dieu et non en fonction d'une faculté spéciale.

Méconnue, la sexualité fait peur tout autant qu'elle fascine. Et puisqu'elle agit en nous dès les origines de notre existence, elle fraie son chemin tant bien que mal selon ce qu'il nous est donné de vivre. Pour parvenir à une certaine maturité affective, il nous faut passer de l'étape de la satisfaction immédiate de nos besoins à celle du don de soi pour communier à la vie de l'autre, des autres. Que de pièges sur ce tracé inédit pour chacun, chacune ! Mais que de beaux défis à relever sur ce chemin d'humanisation qui mène à la dignité humaine.

J'ai souvent constaté au cours de ma pratique que, pour diverses raisons, bien des personnes n'avaient pas réussi à intégrer la sexualité dans l'ensemble de leur personnalité. Ou bien ce monde envahissait tout leur univers sans qu'elles puissent maîtriser leurs besoins souvent impulsifs, ou bien il était tenu à l'écart, privant leurs relations de la bonne chaleur que génère une affectivité « bien portante ».

La thérapie analytique permet d'ordonner, c'est-à-dire de mettre au service de la vie tout le potentiel de forces dont dispose tout être humain, y compris toute la richesse d'une sexualité bien intégrée. Concrètement, il s'agit pour les uns de lever les barrages érigés par peur de leur désir, alors que pour d'autres il importe de cadrer, d'instaurer les nécessaires interdits au respect de soi et de l'autre perçu, non plus comme objet de satisfaction, mais bien comme partenaire d'une possible communion.

André Godin, psychanalyste, définit la libido « comme une énergie psychique à orientation d'aimance qui tend à maintenir la cohésion, à ouvrir à l'autre, à créer des identifications, des synthèses, des unifications de plus en plus larges si bien que Freud n'a pas hésité à la rapprocher de l'amour vanté par l'apôtre Paul en l'entendant dans un sens élargi[4] ».

J'aime comparer la sexualité à la colonne vertébrale de l'être humain, cette structure osseuse qui tient l'ensemble d'un organisme aux multiples ramifications, tantôt protégeant les organes plus fragiles, tantôt innervant le réseau sensitif, tantôt diffusant les impulsions du centre nerveux mais

---

[4] André GODIN, s.j., *Psychologie des expériences religieuses*, Paris, Le Centurion, 1981, p. 273.

toujours assurant à l'être humain la possibilité de se tenir debout, de se mouvoir, de s'adapter aux diverses conditions de son environnement. Sans la sexualité, le corps s'écroule ; si elle est blessée gravement, c'est la paralysie partielle ou totale limitant tout l'être, l'emprisonnant souvent en lui-même, réduisant totalement ou partiellement ses possibilités de communication avec autrui.

S'éduquer au plaisir

Me réapproprier mon être c'est donc m'accueillir avec un corps, un corps sexué, doué pour le plaisir. C'est entrer en relation avec toute la richesse offerte par mon affectivité et mes sens, lesquels me permettent d'éprouver naturellement du plaisir dans divers types d'activités, surtout dans les activités créatrices. La Genèse n'attribue-t-elle pas à Dieu une telle jouissance répétée à la fin de chacune des journées de la création : « Dieu vit que cela était bon », et à la toute fin : « Dieu vit que cela était très bon » ? Le plaisir fait partie intégrante de la vie. Il a été notre survie aux premiers jours.

Il est rare qu'une personne consulte parce qu'elle est heureuse. Nos patients n'éprouvent pas de plaisir à vivre, sinon parfois dans des moments de satisfaction passagère qui les laissent aux prises avec de la culpabilité, de la honte, de la rage quand ce n'est pas du mépris et du dégoût d'eux-mêmes. Au fond, ils sont en manque de plaisir de vivre et souvent en manque de relations épanouissantes. Nous le voyons bien, par exemple, chez les personnes dépressives, le désir de vivre est mis en veilleuse, quasi éteint, justement parce que le plaisir a été évacué. La vie n'a plus de saveur.

Que peut-on rencontrer sur cette voie du plaisir tant redoutée ? Les revendications égoïstes de la réalisation sans limites du désir ? Le refus radical de tout plaisir ? Dans un cas comme dans l'autre, c'est une tentative de négation de notre finitude puisque nous ne pouvons pas combler l'être de désir que nous sommes, ni nier cette revendication bien naturelle de tout avoir à tout prix.

Si les premiers plaisirs ont été vécus de façon malsaine, tout plaisir prendra couleur de culpabilité et s'inscrira inconsciemment dans la zone du non permis. Par contre, si le plaisir a été stimulé excessivement, un besoin impérieux peut s'être installé et dominer encore l'adulte impuissant devant l'appel instinctif. D'où certaines vies rongées par des remords, des culpabilités annihilantes, autodestructrices. Ou encore des vies tordues au point où la souffrance devient plaisir.

Au départ, aveugles et désordonnées, les pulsions sont uniquement sources de plaisir. Le nourrisson se maintient en vie grâce à ce que Freud a appelé le principe de plaisir. Qui n'a pas contemplé la mine réjouie et radieuse d'un bébé repu et rassasié ? Qui n'a pas entendu les cris de rage du même petit contraint d'attendre un peu la tétée ? Peu à peu, la mère apprendra à l'enfant à supporter l'attente, à vivre le délai en anticipant le plaisir, en le fantasmant, diront les savants... Déjà le plaisir prend une autre forme.

Et plus tard, quand l'enfant sera en mesure de considérer sa mère comme une personne et non plus seulement comme un sein, il prendra plaisir à voir son plaisir à elle et éprouvera de la joie à lui procurer lui-même du plaisir en renonçant au sien. Et ce, jusqu'à ce que l'être ayant atteint sa maturité puisse expérimenter à son tour « qu'il y a plus de joie à donner qu'à recevoir » (Ac 20, 35). Passer de ce « faire plaisir pour être » au bon et savoureux « plaisir d'être », quelle conversion !

La thérapie permet d'identifier les empreintes des diverses étapes vécues sur ce chemin de croissance. En devenant conscient de plus en plus de ce qu'il vit, le patient peut repérer, en un premier temps, les traces du désir fusionnel encore présent dans ses relations actuelles ou du fantasme encore bien vivant en lui de cette toute-puissance l'amenant à se croire invincible, capable de tout. Ou encore des traces de cet âge ou exister consistait à s'opposer ou au contraire à se modeler au désir de l'autre au détriment de son propre désir.

Confronté à la réalité, le plaisir, dans sa soif insatiable, devra s'adapter et composer avec les exigences de cette dernière. Diverses options sont alors possibles : la réalité peut être refusée, niée ou transformée en fantasme ou bien acceptée, ajustée, grâce à la force d'un moi capable de souplesse et d'adaptation. S'effectue alors la synthèse de ces forces éparses au départ dans une génitalité qui ouvre à la rencontre de l'autre sous diverses formes. Les organes originairement lieux de plaisir deviennent alors des espaces de relation, de rencontre de l'autre.

Freud considérait qu'une thérapie avait atteint ses objectifs quand le patient en était venu à éprouver du plaisir à travailler et à aimer. Plusieurs personnes que j'ai reçues au cours de mes années de pratique ont redécouvert ce droit au plaisir après avoir remonté le fil de leur histoire jusqu'à l'expérience malheureuse et culpabilisante qui avait incrusté en elles cette impression que tout plaisir était suspicieux. Nous avons besoin d'un minimum de plaisir. S'il est vrai qu'il peut enfermer en soi, couper des autres ou les utiliser comme objets de satisfaction, il n'en demeure pas moins que bien dosé et vécu, il devient présence aux êtres, plaisir de la rencontre et de la découverte, source de paix et de sérénité. Et cela même en vie spirituelle : « Goûtez et voyez comme est bon le Seigneur » (Ps 33, 9).

Se libérer des fausses culpabilités

Malheureusement, dans la vie ecclésiale, à diverses époques, des courants ont nourri et entretiennent encore une certaine suspicion au sujet du plaisir et de la jouissance. Il est vrai que notre civilisation est centrée sur le plaisir à tout prix et très souvent au détriment de l'être humain réduit à n'être plus qu'un objet de consommation ou de plaisir passager. Toutefois, cette dérive ne doit pas conduire à des attitudes excessives condamnant toute recherche de plaisir en la qualifiant même d'inspiration satanique. Certains cultivent une sorte d'ascèse malsaine prônant le renoncement pour le renoncement et allant jusqu'à faire l'apologie de la souffrance jusqu'à la rechercher pour elle-même.

La psychanalyse a dénoncé ces déformations du courant libidinal qui peuvent dériver jusqu'au masochisme ou sado-masochisme. Si ces réalités peuvent être vécues sous diverses formes et en divers lieux, il est regrettable de les retrouver aussi dans les pratiques religieuses de certains chrétiens.

Un courant de droite actuellement m'apparaît favoriser ce retour à une incapacité d'intégrer la sexualité et le plaisir dans le cours d'une saine affectivité, ce qui donne souvent lieu au retour, hélas! d'une religiosité farcie de pratiques religieuses que Freud aurait encore plaisir à dénoncer. La thérapie peut dégager de telles attitudes trop moralisatrices au goût amer de jansénisme perdurant ou refaisant surface aujourd'hui en contrepartie d'une hypersexualisation non moins malsaine.

La réconciliation avec le droit au plaisir passe souvent, sinon toujours, par une réconciliation avec son corps. La psychothérapie analytique peut contribuer à remettre en circulation en son juste lieu une sexualité refoulée, dégageant ainsi la capacité à prendre du plaisir sans avoir peur d'y sombrer après l'avoir tenu si longtemps étranger à soi-même. Elle s'applique à dégager la personne des fausses culpabilités.

Des distinctions s'imposent. Si la culpabilité infantile naît d'un manque d'amour reçu, l'enfant se jugeant coupable de ne pas mériter l'amour, la culpabilité adulte, pour sa part, résulte d'un manque d'amour donné, c'est-à-dire d'une brisure de liens, d'une injustice. « Ai-je assez aimé aujourd'hui ? », demandait Mère Teresa. Ce n'est pas la peur qui sous-tend la culpabilité saine ni l'incapacité de supporter notre erreur, mais le sentiment d'avoir fait mal, c'est-à-dire d'avoir blessé l'autre de quelque façon, l'autre que nous sommes appelés à rencontrer dans une mutualité respectueuse de ses droits et de sa dignité.

Il y a de saines culpabilités, des culpabilités nécessaires sans lesquelles nous devenons psychopathes, délinquants. Les interdits génèrent de bonnes culpabilités, par exemple le meurtre ou encore l'inceste, qui pose les barrières essentielles entre les générations.

Dans le cas d'un débordement pulsionnel qui envahit l'être et l'asservit, la psychothérapie permettra de replacer dans l'ensemble du dynamisme vital cet élément dévastateur voire mortifère. Le cadre analytique sert fréquemment de lieu réparateur là où les salutaires interdits ont manqué ou ont été exercés de façon maladroite et inopérante.

À cet égard, la psychanalyse peut actuellement contribuer au rééquilibre d'une société qui, par assimilation de ces interdits naturels aux interdits religieux, a jeté par-dessus bord tout respect des distances à garder entre parents et enfants, éducateurs et éduqués, aînés et jeunes, altérité et individualité. Cela permet de saisir que certains interdits que l'on retrouve en spiritualité ne sont au fond que la reprise d'une certaine loi naturelle qui a pour but de protéger et de conserver la vie.

Dégager des pseudo-spiritualités

Dans certaines formes de pratique religieuse, il y a encore trop de relents des tabous liés au corps et en particulier à la sexualité. Incapables d'intégrer cette part de leur être, des croyants la fuient dans une sorte de religiosité à caractère angélique. Refoulé, ce dynamisme de vie, à la manière des cours d'eau détournés, mine sournoisement l'image d'eux-mêmes en provoquant parfois des débordements regrettables ou des assèchements stériles sur lesquels aucune fécondité n'est possible.

Il est prouvé depuis longtemps qu'une sexualité refoulée peut émigrer dans une spiritualité sans racines, c'est-à-dire dans une sorte de façon de vivre sa foi en dehors de sa réalité charnelle et affective. Ce que l'on peut qualifier de religion désincarnée. Ou encore l'expression de la foi croupit dans des relations infantiles avec Dieu, allant des sacrifices multipliés pour lui plaire en passant par une panoplie de pratiques aux contours magiques et allant jusqu'aux bouderies d'enfant quand la faveur demandée n'est pas obtenue. D'autres vivent dans les carcans d'une scrupulosité paralysante en raison de plaisirs infantiles éprouvés dans des circonstances troubles ayant marqué à jamais tout émoi d'une culpabilité morbide.

La fuite dans le rationnel peut constituer un autre piège dans cette façon d'habiter son être. Les sentiments ont été sources de souffrances et inconsciemment s'est érigée une digue psychique qui encercle ce lieu en soi, vulnérable et sensible, celui des affects. N'est vrai et digne d'intérêt que ce qui touche la raison, l'intelligence et le tangible. Ou alors un fossé traverse l'être en divisant la part spirituelle de l'autre, celle jugée souvent comme un fardeau à tolérer. Cette part terreuse de nous, selon la perception d'un sain humanisme, est appelée à être traversée par ce souffle qui harmonise dans un être la part indéfinissable de son originalité et le lieu de son incarnation à caractère sacré.

Acquérir de plus en plus de liberté

Le fait que la psychanalyse démystifie les tabous et libère des chaînes étouffantes du scrupule et des fausses culpabilités a contribué à lui faire une réputation d'incitatrice au libertinage et à la mise au rancart de tout interdit.

Si certains ont pu utiliser les théories freudiennes pour justifier leur prétendu droit à laisser libre cours à leurs instincts, ce n'est pas nécessairement ce que la levée du refoulement cherche à promouvoir. Ce dernier ayant été causé soit par la crainte des pulsions, soit par la peur d'une instance punitive quelconque, la psychothérapie analytique cherche à libérer l'individu de ces pressions indues pour remettre en circulation son désir véritable qui a été enfermé dans le vouloir de l'autre ou dans la pulsion menaçante.

Le développement du moi dont nous avons parlé précédemment conduit à l'exercice d'une liberté de plus en plus ample mais jamais parfaite. Souvenons-nous que les réticences de l'Église au freudisme dans les années 1950 provenaient d'une dissidence justement sur la façon de comprendre la liberté humaine. Pie XII réaffirmait à ce moment la pleine maîtrise de l'homme sur ses énergies: «Même les dynamismes de l'inconscient et du subconscient ne sont pas irrésistibles: il reste possible, dans une large mesure, de les maîtriser, surtout pour le sujet normal[5].»

Pourtant, l'expérience nous apprend que nous demeurons conditionné par certaines réalités qui échappent à notre contrôle. Nous sommes un maillon d'une chaîne intergénérationnelle marquée de diverses façons. L'hérédité, le donné génétique, la culture et le milieu familial, l'environnement des premières heures de notre existence et bien d'autres expériences infantiles ont

---

[5] Pie XII, *Documentation catholique*, 1958, p. 522-523.

laissé leurs empreintes sur notre psychisme. Ces marques incrustées en nous que l'analyse nous permet d'identifier ont encore aujourd'hui un certain pouvoir sur nos faits et gestes.

La psychothérapie nous apprend à accepter les passions, les sentiments sans les évaluer. En soi, les pulsions sont bonnes, regardons-les comme nôtres sans les rejeter mais plutôt en essayant de les bien accueillir.

Il importe d'apprendre à les relativiser, à les mettre à leur juste place sans vouloir à tout prix les rayer de notre être. Nous sommes porteurs de trésor dans des vases d'argile. Ayons la sagesse de considérer davantage le trésor en tolérant la fragilité du vase. En ce sens, il importe de distinguer ce que nous sommes de ce que nous faisons. Pour nous détacher de quelque objet, il faut qu'il nous ait d'abord appartenu... de même, nous ne pouvons nous détacher de certains désirs ni de certaines sensations, pulsions ou inclinations qu'après avoir reconnu qu'ils sont bien nôtres. La distance mise entre eux et nous décrit l'espace de liberté nécessaire pour instaurer une saine négociation entre nous, la pulsion et le moi conscient.

Il s'agit donc de développer une liberté intérieure qui n'est aucunement synonyme de laisser-aller, de permissivité sous prétexte qu'il faut devenir soi-même. Car devenir soi-même quand on est un être humain, c'est apprendre à respecter l'autre de la même manière que l'on apprend à se conduire en personne digne de respect. Respect de notre dignité, respect de nos droits, respect de nos choix et de nos engagements.

Est libre celui ou celle qui agit à partir de son désir profond et en conformité avec ce qu'il est en réalité. Plus je me connaîtrai, plus je pourrai nommer ce qui m'habite de bon et de moins bon, plus je pourrai agir librement. « La vérité vous rendra libres », dit Jésus (Jn 8, 32). Pourquoi cette parole ne rejoindrait-elle pas ce que l'on appelle la vérité de l'être normalement découverte au terme d'un parcours analytique ? Et en quoi cette liberté ne pourrait-elle pas être pleinement en accord avec la pensée chrétienne ?

La recherche de sa vérité, semaine après semaine, dans un processus de thérapie, peut constituer le plus beau des voyages au cœur de son être. Devenu attentif à ce qui bouge en moi, je suis de plus en plus apte à choisir ce qui me convient grâce à des antennes permettant de distinguer les motions pulsionnelles et les interférences indues de mes véritables désirs, conformes à ma réalité d'être humain digne, responsable et solidaire. Chemin de vérité qui révèle l'être à lui-même.

La psychothérapie analytique peut nous habiliter à prendre des décisions de façon de plus en plus libre, c'est-à-dire sans nier les limites inhérentes de notre donné actuel, sans nier également les motifs bien humains et les instincts qui interviennent dans notre choix, donc dans une lucidité de plus en plus grande. S'il arrive que nous ayons à nous dépasser, il faut que ce soit en toute connaissance, lucidement et non parce qu'à notre insu, la réponse donnée ne provenait pas de notre adhésion libre mais plutôt de l'un de ces fossiles dont nous avons déjà évoqué la possible existence.

Le véritable don de soi provient d'une liberté intérieure bien en place. Celle qui a fait dire à Jésus: « Ma vie, nul ne la prend, c'est moi qui la donne» (Jn 10, 18). Cette liberté est le fruit d'une décision prise en ce lieu de l'être où il se tient debout, conscient de ses motivations. Elle n'est pas dégagée des contraintes extérieures que Jésus a connues lui-même et auxquelles il aurait voulu échapper lui aussi mais qu'il a affrontées lucidement, courageusement, pour en faire une monnaie de salut et l'expression d'un amour véritable.

Grâce au décodage des manifestations du refoulé, nous pouvons parvenir à mettre en mots aujourd'hui ce que l'on a tu depuis toujours inconsciemment. Et, de ce fait, reprendre le pouvoir sur les instincts et redonner au surmoi sa juste place en devenant de plus en plus maître dans sa demeure.

Le moi ainsi compris, à mesure que la thérapie progresse, ne cesse de s'élargir, de mûrir, de s'assouplir en procédant à des choix de plus en plus personnels, de plus en plus libres passant des idéologies inconsciemment motivées à des vécus et des engagements de plus en plus réalistes dans tous les domaines, y compris celui de la foi.

Par exemple, l'altruisme et le don de soi sont des valeurs chrétiennes qui peuvent être réévaluées à partir de leurs motivations profondes que la psychothérapie analytique nous aide à dégager. Pour que l'altruisme soit sain, il importe qu'il soit constitué d'un noyau narcissique qui lui donne sa véritable consistance. Nous ne pouvons aimer vraiment l'autre qu'à partir d'un bon et salutaire amour de nous-même. Or, cet amour de soi suppose que nous sachions prendre soin de nous en apprenant à discerner jusqu'où peut aller concrètement notre engagement envers l'autre, envers les autres.

Être altruiste, ce n'est pas tout donner au détriment de sa propre existence. Saint Bernard, dans sa sagesse, rappelait au pape Eugène III : « Qui se traite comme moins que rien, envers qui sera-t-il bon ? » La thérapie nous aide à débusquer certaines racines d'un altruisme apparemment admirable mais pollué d'infantilisme ou d'asservissement nullement à encourager. Qui ne s'est pas surpris à accepter des tâches, des responsabilités, des demandes de divers ordres pour faire plaisir ? Pour ne pas décevoir ? Pour dépanner sans pouvoir exprimer le sentiment profond de ne pouvoir les vivre sinon au détriment de ses forces, de ses capacités du moment ?

Ceci dit sans nier le fait que l'altruisme véritable puisse exiger le don même de sa personne, de sa vie. De tels exemples abondent dans la vie quotidienne des couples, des parents, des personnes consacrées à Dieu ou à des causes humanitaires, voire à des carrières artistiques. Ce don n'est alors pas vécu au détriment de leur existence, au contraire, il devient le lieu même de sa pleine réalisation et lui donne tout son sens. « Il n'y a pas de plus grand amour que de donner sa vie pour ceux qu'on aime » (Jn 15, 13).

Se mettre au monde

À mesure que nous frayons la route vers les profondeurs de l'être, il nous arrive de voir surgir des rêves de naissance où l'enfant accueilli n'est nul autre que le patient lui-même devenu auteur d'une existence conquise au prix d'une expérience qui a toutes les caractéristiques de l'enfantement et de la grossesse menée à terme. Ou encore de prendre soin, en rêves, d'un enfant que l'on a plaisir à bercer, à protéger, à accompagner et pour lequel on éprouve une affection dont on s'étonne soi-même au réveil. Image de réconciliation avec cette part infantile de l'être enfin acceptée et intégrée à toute la personne devenue capable de se rassembler.

Sur ce fond de scène, notre identité se découpe alors telle la maison bâtie sur le roc, capable d'essuyer la tempête grâce à des assises solides. Les masures des premiers rêves du parcours, aux sous-sols sombres et inquiétants, aux murs délabrés, aux pièces vides ou en désordre, ont fait place peu à peu à des incursions plus rassurantes dans des pièces plus éclairées (parfois très semblables au bureau du thérapeute) pour céder la place à des rêves de maisons restaurées, attrayantes dans lesquelles il fait bon évoluer entouré de personnages sympathiques et rassurants.

Ces images oniriques traduisent la conquête de soi à laquelle parvient quiconque descend au creux de son être pour s'y reposer après en avoir découvert la beauté et la grandeur. Même la beauté des faux plis plus inévitables de nos âmes. En arriver à les aimer au point de pouvoir dire comme le petit Justin, trois ans, caressant le visage ridé de sa grand-mère : « Grand-maman, j'aime ça, les petits chemins sur tes joues. » Chemins tracés dans le tissu friable de nos vies, empreintes d'une sagesse précieuse qui conduit très souvent à une capacité d'être seul avec soi-même, en paix en cet endroit de l'être que nous sommes les seuls à visiter.

Capacité d'être en relation véritable avec soi qui authentifie la capacité d'entrer en relation avec l'autre. Car la présence de l'autre ne m'est plus nécessaire pour *être*, mais elle m'appelle à la *communion des êtres*, dans une altérité gratifiante.

Cette expérience confronte cependant la personne à la réalité incontournable de la finitude. Renonçant peu à peu en cours de descente aux désirs infantiles de toute-puissance, d'omniscience, de perfectionnisme et de contrôle sur tous les plans, il lui a fallu accepter des réalités qu'elle aurait préférées autres. Dégagée des images idéalisées ou abîmées des parents, des autres et d'elle-même, elle compose avec les traits plus réalistes des personnes avec qui elle est parvenue à une certaine réconciliation.

Pleinement humaine, cette personne est ramenée à l'humus abritant le souffle si mystérieux de l'âme qui s'échappera un jour de ce corps charnel auquel elle donne vie. La meilleure des thérapies ne permet pas d'esquiver ce moment de grâce et d'angoisse qu'est la prise de conscience de notre finitude comme créature faisant partie d'un univers temporel.

Ce face à face, les uns l'appellent l'absurde. D'autres, le mystère de l'être.

CHAPITRE 3

Une lumière sur la route

Ce voyage en profondeur au cœur de l'être le met en contact avec une part d'inconnu qui lui échappe. Si des pans de sa vie ont trouvé une signification, il n'en est peut-être pas ainsi quant au sens de la vie elle-même. « Personne n'est maître du vent pour le retenir ni maître du jour de la mort » (Qo 12, 6). À la fin de la traversée des âges, que se passera-t-il ? À quoi bon poursuivre l'aventure si elle n'a pour seul horizon que la finitude puisque, au terme, « le fil d'argent lâche, la lampe d'or se brise, la jarre se casse à la fontaine, la poulie se rompt au puits » (Qo 12, 6). Faut-il renoncer au désir de sens et s'en tenir à un style de vie, à une manière de la traverser qui contribue à l'ennoblir envers et contre tout ? Faut-il chercher ailleurs l'objet véritable de nos soifs humaines non étanchées par les eaux de la connaissance et de l'expérience psychanalytiques ?

J'aime rapprocher ce moment de vérité, qui ramène à la surface les grandes questions existentielles, de l'expérience vécue un jour par deux marcheurs allant de Jérusalem à Emmaüs. Que s'est-il passé sur cette route qui m'apparaît comme le symbole du parcours que nous sommes invités à franchir entre ces deux parts de nous-mêmes : la raison et le cœur ? Jérusalem, le drame inadmissible de la mort, Emmaüs, la rencontre du Vivant ! Entre les deux, une longue marche accompagnée de la « lumière véritable qui éclaire tout homme » (Jn 1, 9).

Une Révélation, « l'irruption de l'Éternel dans notre histoire[1] », voilà ce que la foi chrétienne peut ajouter à l'expérience analytique pour toute personne qui accepte de s'ouvrir au mystère. Emmaüs illustre ce que déjà saint Bernard enseignait :

> Il y a une influence réciproque entre la Parole et l'expérience de vie. Sans la Parole qui interprète et exprime le sens du vécu, on ne saurait parler d'une expérience religieuse. Mais inversement, si l'Écriture se cantonnait en marge de la vie, elle n'aurait plus aucun intérêt existentiel[2].

---

[1] Michel DANSEREAU, *Un psy sur le divan de la foi*, Médiaspaul, Montréal, 2006, p. 88.

[2] Lode VAN HECKE, *Le désir dans l'expérience religieuse*, Paris, Cerf, 1990, p. 161.

Éclairer l'expérience de vie par la Parole, n'est-ce pas ce qu'ont vécu les deux pèlerins d'Emmaüs ? Ils marchent en se rappelant l'itinéraire qui va de leur enthousiasme premier à leur constat du jour : ramenés à leur point de départ face à la mort de Celui qui devait les libérer, les sauver de l'oppresseur. C'est l'absurde, le mystère ?

« Nous espérions », disent-ils à l'étranger qui fait route avec eux après les avoir rejoints. Et, chemin faisant, ils acceptent de s'ouvrir à l'Inconnu. Ils lui partagent leur rêve déçu, le drame de la mort de celui en qui ils avaient vu leur libérateur, leurs regrets de devoir revenir chez eux avec ce constat d'échec, après avoir tant misé sur Jésus de Nazareth. Rejoints sur la route du questionnement, ils sont accueillis dans leur doute et leur désillusion. Ils avaient imaginé leur libération à partir de leur visée temporelle et messianique et s'étaient fabriqué une image du libérateur promis, comme bien des croyants imaginent un Dieu taillé dans leurs propres ambitions humaines aux étroites perspectives.

Et l'inconnu s'intéresse à ce qui les désole ainsi, favorise la mise en mots de leur expérience nébuleuse et affligeante, compatit à leur déroute. Puis, après avoir longuement écouté, il leur interprète les Écritures, c'est-à-dire qu'il leur révèle tout ce qui les concerne dans ces récits demeurés énigmatiques pour eux. Il met en écho avec le reste de leur existence cet événement déroutant, il le relie à l'histoire de l'humanité pour donner sens, éclairer et révéler. En langage moderne, nous dirions qu'il les amène à relire leur histoire à la lumière de la Parole, l'ouvrant ainsi sur un vaste horizon à perte de vue humaine.

Graduellement, l'Étranger les fait passer de leur questionnement rationnel – « ils discutaient », dit Luc – au niveau plus affectif d'une rencontre avec Quelqu'un dont la Parole réchauffe le cœur et donne le goût de demeurer en sa compagnie. « Reste avec nous », disent-ils, et ils l'invitent à entrer à l'auberge avec eux. Comme si le voyageur survenu à l'improviste devenait réponse au désir « d'une présence ineffable, presque indicible qui ne demande rien, mais qui nous rend tout simplement heureux d'être là, sans plus, d'être avec [...] comme dans une manière d'être au monde[3] ».

Le drame de Jérusalem, mystère de notre finitude rationnellement inacceptable, s'est transformé, au long de la rencontre, en un passage nécessaire pour accéder à une vie dont nous avons le désir depuis toujours. « Nous espérions ! » Et voilà, dit le psalmiste, que devant nous « tu as ouvert un passage » (Ps 30, 9). Ne fallait-il

[3] Dansereau, p. 78.

pas passer par la mort pour vivre à jamais ? Passer d'une conception tout humaine de la divinité, d'une sorte d'idolâtrie même, pour s'approcher du transcendant jamais saisi et à jamais insaisissable.

Mystérieuse nuit d'Emmaüs dans cette auberge qui n'est rien d'autre que l'image de notre propre cœur quand il invite l'Étranger à y entrer lorsque le soir tombe sur nos vies en les enveloppant de ténèbres angoissantes. Expérience vécue et très bien mise en mots par Éric-Emmanuel Schmitt : « Lors de ma nuit sous les étoiles, perdu dans le désert du Sahara, tandis que j'avais l'intuition de me trouver en compagnie de Dieu, l'interrogation – cette tension, ce souci permanent de mon esprit – s'est interrompue pour laisser place à une plénitude parfaite[4]. » Celle d'une Présence. Un mystère habité !

Grâce à la Parole incarnée, Jésus Christ, une lumière traverse toute expérience humaine : « Voyez quel grand amour nous a donné le Père pour que nous soyons appelés enfants de Dieu car nous le sommes » (1 Jn 3, 1). Le Père, dont Freud a perçu l'autorité comme menaçante et infantilisante, se révèle en Jésus Christ comme la source

---

[4] Éric-Emmanuel Schmitt, *Ma vie avec Mozart*, Paris, Albin Michel, 2005, p. 131.

d'un amour appelant tout être humain à devenir partenaire d'une alliance qui l'entraîne dans l'infini. « Je conclurai avec vous une alliance éternelle » (Is 55, 3).

À partir des prophètes, dit Luc, l'Inconnu explique les Écritures révélatrices de toute la valeur de l'être humain et de la grandeur de sa destinée compte tenu de ses origines : « Je suis ton Créateur, Celui qui t'a formé », lit-on en Isaïe (Is 43, 1). Belle image reprise en Jérémie avec l'évocation d'une tendresse divine perceptible dans le geste de l'artiste penché avec amour sur son œuvre : « Comme l'argile dans la main du potier, ainsi êtes-vous dans ma main » (Jr 18, 6). Chaque personne peut s'attribuer cette bouleversante déclaration d'amour : « Tu as du prix à mes yeux et je t'aime » (Is 43, 4). C'est pourquoi : « Je te réserve un avenir plein d'espérance » (Jr 29, 11).

Il se peut que l'expérience d'écoute, d'attention bienveillante du thérapeute soit la première qui puisse donner prise à cette révélation qui redonne l'estime de soi et la certitude que nous avons de la valeur du seul fait de notre existence. Un parcours analytique peut devenir pour certains un chemin d'Emmaüs et le lieu privilégié d'une expérience spirituelle.

Si une personne persiste à chercher un sens à ce qui paraît n'en pas avoir, si elle refuse la perspective d'une route sans débouché, d'un avenir sans horizon, et qu'elle accepte de confier à l'Étranger son entêtement à voir au-delà, plus loin, elle trouvera dans le mystérieux voyageur qui l'a rejointe au détour du chemin, un compagnon sensible à sa quête de libération achevée dans la déception et le désabusement. Pourquoi alors ne pas poursuivre la route avec Lui, l'inviter à entrer dans sa maison pour écouter sa Parole, réponse adéquate et tant attendue au désir qui l'a mise en marche et qui ne cesse de la tenailler?

La Révélation, don gratuit, devient possible seulement dans un espace de disponibilité favorable à la rencontre de Celui qui est de tous les cheminements humains, mais respectueux de la liberté jusqu'au point de se tenir longtemps à la porte de l'auberge: «Voici que je me tiens à la porte et je frappe... si quelqu'un entend ma voix et ouvre la porte, j'entrerai chez lui pour souper moi près de lui et lui près de moi» (Ap 3, 20).

Si la psychothérapie analytique ne conduit pas nécessairement à cette Révélation, il me semble qu'en frayant un chemin vers les profondeurs de l'être, elle peut devenir l'occasion d'une rencontre fortuite avec l'Étranger qui voyage depuis toujours sur les routes humaines. À condition bien sûr que les «amorces d'humanité en lui n'aient pas été volontairement et systématiquement refusées ou niées[5] », car la connaissance de Dieu passe par la connaissance de soi puisque c'est au fond de soi qu'habite Celui qui appelle : « Adam, homme, où es-tu ? » (Gn 3, 9).

Un grand spirituel contemporain, Maurice Zundel, écrit à propos de Dieu « Il est Celui que nous rencontrons dès que nous nous rencontrons nous-même : comme le cœur de notre intimité[6]. » Lieu que Marie de l'Incarnation désignait comme « le centre de l'âme[7] ». Saint Augustin ne craignait pas d'affirmer que c'est toujours à l'intime du cœur que résonne mystérieusement la Parole évocatrice d'une Présence jusque-là ignorée.

Je ne peux m'empêcher ici de citer en son entier l'une des plus belles pages de l'œuvre d'Eugen Drewermann qui résume à merveille et de façon poétique cette incursion du divin en soi :

> La première forme de mystique de l'obéissance libératrice, c'est la capacité d'écouter ce qui se passe en nous-mêmes : la poésie onirique de nos images nocturnes, les vibrations légères de nos sentiments diurnes, les multiples signaux du lan-

---

5 Marcel LÉGAUT, *Un chrétien de notre temps*, Paris, Aubier Montaigne, 1974, p. 73.

6 Maurice ZUNDEL, *Je est un autre*, Québec, Anne Sigier, 1986, p. 30.

7 Marie GUYART, *Témoignage de Marie de l'Incarnation*, Paris, Beauchesne, 1932, p. 110.

gage du corps. Car c'est bel et bien là que Dieu nous parle: dans les idées spontanées de notre imagination, dans les mouvements du cœur, dans les bruissements et pulsations de notre sang, dans cette grande symphonie de la Création à laquelle nous prenons activement part en tant que créatures de ce monde, individuellement irremplaçables parce que seules capables d'enrichir le chant du monde d'une voix, d'un motif musical, d'une mélodie que chacun de nous est seul à pouvoir produire, dès lors qu'il a appris à écouter son propre moi, avec ses accords et leurs variations. Le chant jubilatoire et silencieux de l'existence est la première manière qu'a Dieu de nous parler. C'est l'écho lointain des pas de l'Éternel, lorsque, après la chaleur du jour, il se promenait dans la fraîcheur du soir, prenant son plaisir en compagnie de l'homme dans le jardin du Monde (Gn 3, 8). Et c'est son ultime manière de nous parler, celle qu'il nous faut réapprendre à entendre si l'« œuvre du salut doit aboutir »[8].

Le voyageur dont la parole a fasciné les pèlerins d'Emmaüs, c'est le Ressuscité. Le Premier-né d'entre les morts, celui qui témoigne du germe impérissable de vie présent en tout être humain. Si la psychothérapie analytique réconcilie la personne avec la grandeur et la beauté de son

[8] Eugen DREWERMANN, *Fonctionnaires de Dieu*, Paris, Albin Michel, 1993, p. 590.

être, y compris la richesse de la vie de ses sens et l'importance de la circulation du désir, la foi chrétienne lui confère un caractère sacré en affirmant qu'elle est destinée à l'immortalité puisqu'elle est traversée du souffle divin qui l'a créée. Foi qui, selon la belle expression de Xavier Thévenot, provoque une sorte de « transdynamisme », source de déploiement de tout l'être : corps et âme. Au-delà de sa finitude, tout être humain est appelé à re-surgir de la terre ou de la cendre pour rejoindre le Premier-né qui a frayé la voie du retour vers le pays des origines.

« Tu m'as façonné un corps » (He 10, 5). Cette parole du psalmiste, l'auteur de la lettre aux Hébreux la met sur les lèvres de Jésus Christ, Image du Dieu Invisible (Col 1, 15) dont l'amour a ressuscité le Fils bien-aimé. Or, « Celui qui a ressuscité le Christ Jésus d'entre les morts donnera aussi la vie à nos corps mortels grâce à son Esprit qui habite en nous (Rm 8, 11). C'est dans cette révélation de la résurrection que s'enracine notre identité d'enfants de Dieu, car « nous le sommes », affirme saint Jean, depuis que Jésus s'est fait l'un de nous, trait pour trait, dans une chair semblable à la nôtre.

L'Incarnation du Verbe et sa Résurrection, fondement de la foi chrétienne, projettent sur les réalités humaines une lumière qui les traverse et les transfigure. Le véritable « sujet » responsable et libre avec lequel la psychothérapie m'a mis en contact, il devient à la lumière de la foi un enfant de Dieu, objet d'un amour infini. « D'un amour éternel, je t'ai aimé » (Jr 31, 3). Mon existence en elle-même a une valeur infinie, peu importe mon origine, ma race, mon rang social, mes réussites, mes blessures, mes limites.

Toute personne peut trouver là une source de réconfort mais plus encore celles qui, en refaisant leur histoire, sont amenées à raviver des blessures existentielles dont elles souffrent encore vivement. N'avoir pas été reconnues, n'avoir pas été crues, ou encore avoir été victimes d'abus par des proches, autant de situations difficiles à assumer, à intégrer.

Mon corps avec lequel je me suis réconcilié au cours de la thérapie, ma foi m'apprend que bien que charnel, il est le Temple de l'Esprit saint, habitat d'une présence mystérieuse qui lui confère une valeur inestimable et un droit incontestable au plus grand des respects. Toute attitude méprisante et dévalorisante à son endroit porte atteinte à sa dignité.

La sexualité humaine, déjà découverte dans sa beauté lors de la démarche analytique, apparaît, à la lumière de ces textes bibliques, marquée d'un caractère de noblesse qui incite le croyant à l'exercer de manière à révéler sa véritable grandeur: elle est signe du don, de l'amour, de la reconnaissance de l'autre habité par plus grand que lui ou elle. Dans cette perspective chrétienne, la sexualité trouve sa véritable dimension relationnelle et le corps sa vraie grandeur. Il est l'icône de Dieu, lieu visible d'une présence invisible: « Si quelqu'un garde ma parole, mon Père l'aimera, nous viendrons chez lui, nous ferons chez lui notre demeure » (Jn 14, 23).

Comme il est bon de prendre conscience de cette incroyable réalité: Dieu habite tout mon être, ses zones ténébreuses tout autant que ses côtés lumineux. Dieu naît au plus profond de nos racines obscures. Je peux donc entrer en moi-même sans peur pour m'approprier tout ce que je suis dans la confiance et la sérénité. Me voilà donc libérée du perfectionnisme, ce besoin obsessif d'astiquer l'image de moi-même dans une vaine tentative d'y effacer toute trace d'humanitude, façon subtile de reprendre à mon compte l'aspiration originelle d'Adam et d'Ève de devenir comme des dieux... sans Dieu.

Nous vivons dans une société engagée dans une course folle pour vaincre toutes les limites: celles du corps dans les défis et les épreuves de toutes sortes, les sports extrêmes et les recettes de longévité; celles de l'intelligence en cherchant à percer tous les secrets dans les domaines des sciences et de la technique, du microcosme au macrocosme; celles de l'esprit en imaginant une Énergie cosmique capable d'engendrer toutes les forces nécessaires à l'homme sous forme de cristaux ou autres talismans du genre. Pourrions-nous parler d'un narcissisme social toxique dont nous pourrions guérir si nous acceptions notre réalité de créature soumise à des déterminismes qui échappent à notre contrôle ?

La démarche de thérapie a pu donner accès à un certain dégagement, à une clarification de ce qu'est la liberté humaine bien saisie et vécue authentiquement. Mais c'est la Révélation qui me libère de cette tentation de vaincre toute finitude et toute limite en ouvrant un autre espace pour l'actualisation de mon être en plénitude.

La foi chrétienne, en effet, m'introduit dans les espaces divins d'une miséricorde infinie qui me permet de me pardonner enfin à moi-même, et par conséquent aux autres, cette incapacité d'être toujours à la hauteur de ce que je voudrais être. Dieu est plus grand que mon propre cœur, affirme saint Jean. Je tire de là une force et un soutien. Certains patients ont trouvé dans leurs convictions de croyants, de croyantes, des raisons d'aller vers un proche pour se réconcilier. L'offenseur, regardé avec les yeux de la foi est redevenu le frère à accueillir et à aimer. D'autres, à des relations souvent déformées par la peur, l'insécurité, la protection exagérée de leur ego, et la tentation de dominer les autres, ont pu substituer des relations fondées sur la mutualité et l'interdépendance parce qu'ils ont accepté leur vulnérabilité et, par conséquent, celle des autres.

Habitée par l'Esprit du Seigneur, je suis entraînée dans le courant de vie et de liberté promis aux enfants de Dieu. « C'est pour que nous restions libres que le Christ nous a libérés » (Ga 5, 1). Nous sommes appelés à la liberté, celle qui nous met au service de nos frères et sœurs (Ga 5, 13). Celle qui conduit au véritable altruisme. Ne dit-on pas des pèlerins d'Emmaüs qu'après leur cœur à cœur avec le Ressuscité, ils sont repartis sur l'heure vers leurs compagnons à Jérusalem ?

Ils avaient fui le lieu du drame : ils n'avaient pas pu voir la mort en face. Ils étaient partis avant le dernier acte : la résurrection. Mais quand le Ressuscité refait sous leur regard le geste à jamais sacré du partage du pain, leurs yeux s'ouvrent : « Ceci est mon corps livré pour vous. » Le mystère s'éclaire : de la vie donnée par amour jaillira la Vie véritable, celle qui entraîne dans l'infini. Quelques jours plus tôt, en présentant Jésus à la foule, Pilate avait prononcé sans le savoir cette parole prophétique : « Voici l'homme ! » (Jn 19, 5). Il proclamait en ce moment tragique du destin de Jésus la grandeur de toute destinée humaine, celle qui consiste à aller au bout de soi-même dans un don de soi générateur d'une fécondité incroyable. Il définissait l'altruisme chrétien dans une sorte d'icône qui en plus de l'actualiser en traçait les véritables contours.

L'amour, en contexte chrétien, fait du don de soi sa suprême expression: «Il n'y a pas de plus grand amour que de donner sa vie pour ceux qu'on aime» (Jn 15, 13). Générosité palpable chez bien des personnes qui ont consacré leur vie avec éclat à des causes humanitaires, ou plus humblement au bien-être des leurs, trouvant, les unes et les autres, dans le don d'elle-même, la réalisation et l'accomplissement de leur vocation humaine dans toute sa noblesse. À cette vocation humaine déjà bien grande, la foi ajoute une dimension qui la transforme en lui conférant une valeur salvatrice d'un prix infini.

Dans le cheminement thérapeutique, il est donné de prendre conscience que les pertes que nous assumons deviennent garantes des acquis dans le domaine de la croissance humaine. Faut-il partir d'exemples aussi évidents que la perte des dents de lait... jusqu'aux pertes les plus exigeantes comme celles que nécessitent des mois de grossesse pour engendrer une vie?

La foi chrétienne s'inscrit dans la foulée de cet univers paradoxal qui consiste à perdre pour gagner, à renoncer pour avoir, à acquérir pour donner, jusqu'à en faire la condition de l'entrée dans la vie véritable : « Si le grain de blé tombé en terre ne meurt pas, il reste seul ; s'il meurt, il porte beaucoup de fruit » (Jn 12, 24). « Ne fallait-il pas », disait l'Étranger aux disciples en fuite vers leur village... Passer par la mort, oui, mais pour vivre à jamais. Après avoir saisi cela, les disciples en fuite retournent joyeux dans leur village pour transmettre le message. L'espérance a repris ses droits !

Là où les limites de la finitude confrontent à des questions apparemment sans réponses, la foi propose une recherche de sens. Elle projette sur le parcours thérapeutique une lumière qui ne change pas les réalités perçues, mais qui invite à les considérer dans une perspective qui les transcende. Et la Révélation connue, chez le patient déjà croyant, peut être découverte avec une acuité nouvelle. Elle sera accueillie au fur et à mesure de son évolution en thérapie comme une source de lumière projetée sur les divers moments de sa vie pour leur donner davantage de densité et de sens. Habitué au symbolisme biblique, il pourra avec plus d'aisance faire des associations ou des interprétations, recourant de lui-même à certaines images évocatrices de la relation établie avec le Dieu de Jésus Christ. Certains faits et gestes de son histoire ont parfois été inconsciemment tenus à l'écart de sa vie spirituelle pour des raisons névrotiques. Après avoir analysé ces raisons, il se surprendra peut-être à dire de ces événements, comme le patriarche Jacob ayant vu en songe une échelle se dresser entre ciel et terre : « Dieu était en ce lieu et je ne le savais pas » (Dt 28, 16).

Pour d'autres, les blessures et les étapes difficiles de leur parcours leur apparaîtront désormais comme des lieux porteurs de vie : « De l'eau jaillira dans le désert, le pays de la soif se changera en sources » (Is 35, 6-7). Certains, après un long temps de relation difficile avec eux-mêmes, avec leur corps, à cause d'abus ayant miné gravement l'estime d'eux-mêmes, se redresseront dégagés de la honte et forts d'une prise de conscience, sorte d'écho de la révélation faite un jour à Moïse : « Ce lieu que tu foules est une terre sainte » (Ex 3, 5).

Jésus Christ peut devenir le compagnon qui chemine avec eux tout au long de leur démarche. Dans les détours plus exigeants de l'analyse, dans les moments désertiques, cette présence devient une force, un appui pour trouver le courage d'aller au bout de leur être sans qu'il en soit question explicitement au cours des séances de thérapie.

Souvent, le croyant a déjà acquis une capacité d'introspection et développé une aptitude à se remettre en question qui l'aidera à avancer dans une attitude d'humilité. Convaincu que sa vie, si limitée soit-elle, a une valeur inestimable, il peut compter sur l'action de l'Esprit en lui pour soutenir sa marche. Sa vulnérabilité et sa fragilité, Jésus Christ les a éprouvées et nulle souffrance ne lui est restée étrangère. Compagnon compatissant, sorte de frère d'armes, Jésus Christ peut inspirer courage et nourrir l'espérance aux jours plus difficiles. N'a-t-il pas vaincu la mort ?

L'affectivité qui, au long du parcours thérapeutique, a repris ses droits de circuler dans tout l'être s'exprimera aussi dans un rapport plus affectif avec Dieu colorant tout le climat de la prière. Là encore, le croyant trouvera dans ses rencontres intimes avec son Dieu une nourriture précieuse pour sa soif d'être aimé et son besoin naturel d'aimer. Les énergies libérées, sur le plan humain, dans une thérapie qui conduit au plaisir d'aimer, seront sans cesse renouvelées dans la vie de communion à l'Amour incarnée en Jésus Christ, amour répandu en nos cœurs par l'Esprit.

Notons cependant que les réactions sont diverses et multiples. Certains croyants, eux, trouveront dans leur spiritualité des points d'appui pour nourrir l'inévitable résistance qui se lève en eux malgré leur désir sincère de collaboration avec le thérapeute. Ils spiritualisent tout. Ils pratiquent ce que j'appelle une foi d'écureuil... Ils ne touchent le sol que pour mieux poursuivre leurs ébats aériens dans une foi désincarnée, une foi sans racines, qui plane au-dessus de leur véritable histoire. Et c'est là qu'ils cherchent toujours à ramener le thérapeute pour échapper au processus analytique.

D'autres attendent encore de Dieu ce qu'ils n'ont pas reçu, ou cru recevoir d'un père ou d'une mère, multipliant les dévotions dans un vain espoir de mériter enfin ce dû, tout en entretenant avec le thérapeute ce même type de rapport qui parvient difficilement à basculer dans la foi adulte du chrétien qui s'assume comme sujet de son histoire. Analyser l'aspect magique de leurs croyances devient parfois un véritable défi puisque les interventions du thérapeute sont souvent perçues comme des attaques contre leur pratique religieuse et des menaces pour leur foi.

En de tels cas, j'ai cru parfois que me sachant religieuse, certains patients pouvaient plus facilement accepter des remises en question de cet ordre ou tout au moins être assez à l'aise pour pouvoir exprimer leurs doutes. D'autres sachant aussi cela auraient aimé échapper à l'analyse, surtout aux heures plus laborieuses, en évoquant des questions de foi ou de spiritualité pour fuir le nœud, l'os sur lequel le thérapeute les ramenait, ou encore, en tentant de séduire dans une sorte de complaisance susceptible de les garder à l'abri de l'hameçon... Finesse de l'être qui se protège sans cesse même du bouclier de sa foi !

Le fait de connaître la foi du thérapeute peut devenir un obstacle, s'il incite des patients à toujours soupçonner que c'est en vertu de cette foi, et souvent de cette foi mal perçue, que s'effectue l'analyse, surtout quand il s'agit des tranches de vie davantage reliées aux questions sexuelles ou aux comportements impliquant des valeurs morales. La verbalisation de ces craintes, qui conduira à une saine clarification, devient indispensable pour préserver l'alliance de travail nécessaire à la bonne marche de la thérapie.

Par contre, la foi du thérapeute devient souvent pour le patient croyant une sécurité. Bien qu'il n'en soit jamais question explicitement dans les séances, une sorte de complicité tacite demeure sous-jacente à l'alliance de travail qui s'en trouve renforcée. La certitude que le même Esprit anime leur démarche est une source de confiance et d'espérance pour l'un et l'autre, surtout aux étapes cruciales inévitables même sur ce fond commun.

Étant donné la neutralité qui caractérise la pratique de la psychothérapie analytique, il est juste d'affirmer, je crois, que le cheminement d'un patient s'effectue de façon similaire peu importe son rapport au spirituel. Ce qui sera analysé le sera toujours selon les visées psychanalytiques qui ont pour but de rendre conscient l'inconscient, dans une démarche d'appropriation de tout son être. Cependant, il est tout aussi juste d'affirmer que pour le croyant, une deuxième lecture des différents événements de sa vie peut contribuer à la situer dans une perspective aux horizons infinis. Et pour tout être ouvert à l'irruption du mystère dans sa vie, il se peut que l'expérience analytique devienne la force capable de rouler la pierre du tombeau, dans le constat d'un vide nécessaire à éprouver avant d'être gratifié d'une rencontre fortuite avec l'Étranger dont la Présence a saveur d'éternité.

Tout en étant deux avenues très différentes d'accès à la connaissance de soi, pourquoi la foi et la psychothérapie analytique ne pourraient-elles pas se croiser, parfois, pour l'un ou l'autre des voyageurs qui cheminent en quête de sens sur les routes humaines ?

CHAPITRE 4

La croisée des chemins

UNE CERTAINE PARENTÉ existe entre l'expérience psychologique et l'expérience spirituelle. Elles sont de nature fondamentalement différente, mais l'une et l'autre se vivent en profondeur. Toutes deux s'inscrivant dans le registre de l'ineffable, on ne peut tout au plus qu'en témoigner. Il faut le vivre pour le croire, dira-t-on souvent de ces expériences à caractère intime tellement personnelles. C'est la transformation qu'elles opèrent chez un être et la trace qu'elles laissent dans une vie qui deviennent les plus évidentes preuves de l'émergence de tels instants dans une trajectoire humaine.

Puisqu'ils participent d'un même type d'expérience, il est possible, grâce à quelques similitudes, de dégager un certain parallèle entre les deux parcours aux tracés cependant bien distincts. Bien sûr, dans un cas comme dans l'autre, nous avons à composer avec l'inconnu. Les deux aventures supposent qu'on explore son monde intérieur en courant les mêmes risques que des aventuriers lancés à la recherche d'une contrée fascinante et redoutable à la fois. Comment y parvient-on? Dans les deux cas, ce sera par le moyen d'une relation basée sur la confiance en l'autre, tissée à travers la parole entendue, prononcée et interprétée dans une quête de sens révélatrice de l'être.

Une relation basée sur la confiance

En psychothérapie analytique, ce sera avec l'aide d'un thérapeute que la personne se rendra attentive à l'inconscient qui fera signe au cours de l'aventure, entre autres à travers l'association libre, les rêves et les aléas de la relation. Dans un parcours spirituel, ce sera avec l'accompagnement d'un guide que le croyant se rendra disponible à l'Esprit dont on devra percevoir les signes dans les différents événements de sa vie. L'inconscient du thérapeute et l'inconscient du patient comme l'Esprit présent chez le guide et chez son disciple participent de la même écoute dans le but d'interpréter ce qui sera perçu. Car, tout comme l'inconscient, le divin ne se prouve pas, il se manifeste. Et ce, à travers des indices qui le voilent et le révèlent tout à la fois.

L'établissement d'une relation significative me semble la pierre angulaire des deux démarches. Voyons d'abord ce qui concerne la psychothérapie. Quelle que soit la méthode préconisée par les diverses écoles psychologiques, j'ai la ferme conviction que c'est la qualité de la relation établie entre le thérapeute et son patient qui devient espace de guérison ou tout au moins d'apaisement : « [...] si la rencontre évolue pour le mieux, une histoire se racontera, quelque chose prendra forme entre les deux protagonistes. Ce lien deviendra le noyau dur, le cœur d'une élaboration future[1]. »

Il en est ainsi parce qu'une relation, manquante ou défectueuse, a été à l'origine de la blessure que l'on cherche à cicatriser. Une maille a manqué ou a échappé, rompant le fil du tissu relationnel qui ne peut se réparer que par une reprise au lieu même de la béance, de l'accroc ou de la déchirure.

Le fil de la vie poursuit parfois son cours sur la trame des ans et parvient à renouer les brins effilochés et à dissimuler l'échancrure. Mais il se peut que l'endommagement nécessite le recours au doigté d'un artisan d'expérience en ce domaine

---

[1] Bernadette TANGUAY, *Le premier entretien et l'écoute analytique*, Montréal, Éditions du Méridien, 1994, p. 8.

pour redonner au tissu sa solidité et sa beauté. Voire pour tirer parti du démaillage et le transformer de façon esthétique. Jadis, ne recourait-on pas aux doigts de fée de certaines moniales contemplatives pour broder une reprise invisible sur un vêtement précieux ?

Le tissu humain est essentiellement relationnel. Nous devenons humain grâce à la relation, grâce à la foi d'un autre qui croit en nous. Rappelons-nous que l'enfant existe d'abord dans le regard de la mère et qu'il s'éveille à sa voix entendue comme un appel à se manifester. Appelé par son nom, l'enfant commence à devenir ce qu'il sera. Mais il lui faut d'abord entendre cet appel à être.

Le patient qui se présente en thérapie est inconsciemment en quête de cette présence qui saura l'appeler à se manifester. Pour une raison ou l'autre, certaines personnes n'ont pas connu ce premier contact maternant, matrice de toutes les autres relations à venir. Elles n'ont pas été reconnues ou n'ont pas perçu les premiers appels à être. Elles ne sont pas psychologiquement nées. D'autres ont survécu à des accouchements psychiques maladroits ou ont subi très tôt des ratés dans leurs premiers pas sur les routes de la croissance humaine.

La psychothérapie analytique peut devenir le lieu de la reprise dans le maillage relationnel.

C'est pourquoi il importe de « rattraper » la maille en acceptant le jeu de la navette sur le métier thérapeutique, c'est-à-dire le jeu d'un aller-retour de la parole entre thérapeute et patient. Car, si certains livres, certaines vidéos, émissions de télévision ou conférences peuvent éclairer celui ou celle qui cherche une solution à son mal-être, seule une expérience de rencontre interpersonnelle permet d'éprouver cet instant bouleversant où pour un moment, au lieu même d'une souffrance intolérable, dans le silence souvent, une sensation d'apaisement surgit grâce à la seule présence d'un être à l'écoute, présence devenue signe d'un « je crois en toi, je suis là, tu n'es plus seul ». Une sorte d'acte de foi ! Donc tu existes pour moi, devant moi, et c'est dans cette reconnaissance qu'enfin la vie peut commencer à se déployer.

Cette relation ne s'établira pas nécessairement sans résistance et sans combat défensif. Bien des aléas en jalonneront la mise en place, car elle suppose la traversée d'un univers de souffrance et de mort qu'inconsciemment le patient fuit et désire fuir à tout jamais. Car tout en la cherchant, nous avons peur de la vérité ennemie de nos cathédrales illusoires et de nos forteresses fragilisées, érigées dans le passé, et préservées maintenant, comme moyens de survie. Que de subterfuges sont mis en œuvre pour éviter cette descente aux profondeurs qui obligera à traverser des zones de turbulence inconfortable. Retisser une confiance dans un tissu relationnel abîmé n'est pas une mince entreprise. Qui ne sait pas compter avec le temps ferait mieux d'y renoncer !

Quelqu'un d'extérieur à la relation thérapeutique pourrait croire que la confiance du patient est première dans le lien qui se développe avec son thérapeute, alors que l'expérience nous apprend que c'est la disponibilité entière de ce dernier et sa foi dans les forces de vie de celui qu'il accueille qui posent les bases de ce qui deviendra une relation privilégiée de nature bien spéciale.

Comment ne pas rapprocher ce parcours de l'expérience spirituelle ? En effet, qui n'a pas pensé, de prime abord, qu'une telle expérience commençait par la foi de l'homme en Dieu alors qu'elle commence par la foi de Dieu en l'homme ? Le livre des textes fondateurs du christianisme s'ouvre sur cette scène bouleversante : le Créateur se promène dans le jardin des origines à la recherche de sa créature, cachée, se dérobant au regard de Celui qui la désirait déjà du même désir que le Père du fils perdu dont Jésus nous parlera plus tard. Recherche qui se poursuit tout au long de l'histoire d'Israël. Le récit de la Genèse s'organise autour des appels multiples de Yahvé à son peuple. « Jacob, ce n'est pas toi qui m'as appelé », lit-on au livre d'Isaïe (43, 22), vérité que Jésus rappellera à ses disciples avec insistance: « Ce n'est pas vous qui m'avez choisi, c'est moi qui vous ai choisis » (Jn 15, 16).

C'est à partir du regard et de l'appel de Dieu lui-même que le croyant est éveillé à la foi. L'appel retentit depuis le fond des âges: « Adam, homme, où es-tu? » Tel est le Dieu de la foi chrétienne: un Être désirant à la recherche de sa créature dissimulée sous les feuillages de la peur après la découverte de son incomplétude. Dieu ne cesse d'éveiller d'abord en appelant. Car la foi n'est pas une science même si elle la suppose, elle n'est pas d'abord une religion même si elle en instaure une, elle est essentiellement comme la relation thérapeutique, l'établissement « d'abord et avant tout d'une relation et la plus personnelle qui soit[2] ».

Partout retentit dans les textes bibliques ce désir d'une relation personnelle avec l'être humain, à partir d'Abraham en passant par Isaïe: « Je t'ai appelé par ton nom... Toi que du bout du monde j'ai appelé » (43, 1; 41, 9) jusqu'aux premiers disciples de Jésus. Voilà qui peut provoquer chez quiconque le même étonnement que chez Nathanaël connu de Jésus avant même que Philippe le

---

[2] Jean-Claude GUILLEBAUD, *Comment je suis redevenu chrétien*, Paris, Albin Michel, 2007, p. 180.

lui présente. Magnifique petit dialogue que j'aime relire en saint Jean: « D'où me connais-tu ? » dit Nathanaël. Jésus lui répond: « Quand tu étais sous le figuier, je t'ai vu » (Jn 1, 48). Dialogue étonnant qui rappelle la confidence faite au prophète Jérémie: « Avant que tu sois sorti du sein maternel, déjà je te connaissais » (Jr 1, 5). Dialogue bouleversant à l'origine très souvent des plus belles aventures de foi comme celles de la Samaritaine et de Zachée connus et désirés avant même d'en être conscients.

Si Dieu appelle, interpelle, c'est parce qu'il désire entrer en alliance avec sa créature: « J'établis mon alliance avec toi » (Gn 17, 2). Désir si bellement explicité au plafond de la chapelle Sixtine sur la grande fresque du peintre Michel-Ange dans laquelle la main du Créateur est tendue à jamais vers celle de l'homme. Désir qui se heurtera à bien des résistances et qui suscitera plusieurs combats semblables à celui de Jacob au gué du Yabboq. « Révèle-moi ton nom, je te prie » (Gn 32, 30), finira par dire Jacob sous l'emprise divine. Mais, au terme du combat, il n'aura appris que son nom, Israël, révélateur de sa véritable identité et de sa mission dans l'histoire de son peuple sans que l'Autre lui révèle le sien.

Il serait pas mal osé et bien inapproprié de prétendre à une équation de nature entre l'alliance salvatrice évoquée ici et l'alliance thérapeutique qui s'établit entre le psychothérapeute et son patient. Telle n'est pas mon intention. Ce que je veux mettre en évidence, c'est l'attitude du thérapeute qui tend la main au patient et qui persiste à vouloir lui être secourable malgré les soubresauts inévitables des remous transférentiels suscités souvent par la frustration que le patient éprouve de ne rien savoir de l'autre à qui il se confie. Ce type d'alliance devient une sorte de salut pour celui ou celle qui n'a jamais trouvé jusqu'alors une telle relation favorisant l'émergence de sa propre identité.

Une relation tissée à travers la parole entendue et prononcée

C'est grâce à la parole que se crée une véritable relation humaine. Encore là, ce sont les mêmes modalités qui entrent en jeu tant dans les premières relations du début de la vie que dans celles de la psychothérapie et dans celles de la foi. C'est la voix de la mère qui éveille l'oreille de l'enfant à la musique des paroles, lesquelles l'inviteront à gazouiller à son tour dans l'ébauche d'un premier dialogue qui manifeste quelque chose du désir de la rencontre. Je peux prendre la parole seulement si elle m'a d'abord été donnée. Prendre la parole, c'est me poser en JE devant un TU parce que l'autre m'a considéré comme un interlocuteur valable.

Le psychothérapeute, par sa seule présence et en peu de mots, sollicite cette parole jamais prononcée, laquelle interviendra dans le cours du processus comme principe d'individuation et de dévoilement de l'identité. « Il y a des phrases qui sont vraies parce qu'à la fin de la phrase, il y a quelqu'un[3]. » Il y a un visage ! Quelqu'un qui me désire et m'appelle à ÊTRE. Les mots deviennent alors des témoins de l'Être, de l'être qui appelle et de l'être qui s'éveille à cet appel dans un mouvement réciproque de reconnaissance de l'autre. Prendre la parole, c'est venir au monde, c'est prendre un visage humain aux traits inédits.

L'analyse favorise cette expérience de relation d'une couleur bien particulière. Porté d'abord à s'y comporter comme dans toutes ses autres relations, le patient est invité à prendre toute la place dans cet espace, sorte de chambre de naissance favorisant l'émergence de tout son être. S'établit alors « un lien humain d'un type nouveau, profond, qui peut changer toute une vie[4] ».

---

[3] Marie BALMARY, *Le moine et la psychanalyste*, Paris, Albin Michel, 2005, p. 114.

[4] Henri SAMSON, « Langage et vie », *Lucidité*, Institut de Psychothérapie du Québec, vol. 5, n° 4, décembre 1968, p. 631-632.

Grâce à l'écoute du thérapeute, le patient peut entrer en contact avec les sentiments qu'il exprime en faisant l'expérience pour une première fois d'être vraiment accompagné dans ce qu'il éprouve. Se permettre de sentir ce qu'il pense, de penser ce qu'il sent, attentif aux émois intérieurs, au message qui s'inscrit dans les interlignes du discours chargé d'affectivité. Aucune crainte de rejet, de jugement, de représailles, même si l'éprouvé ressemble à un curieux alliage d'amour-haine si apparemment opposés. L'acceptation inconditionnelle libère l'expression si longtemps contenue, et à quel prix.

Nous voyons ici toute l'importance de la parole dans le processus thérapeutique. L'être humain prend forme à travers le langage, lequel possède un pouvoir structurant extraordinaire. Il permet de tracer les contours de l'intériorité et de poser les frontières du réel. Boris Cyrulnik affirme que le monde change dès que l'on parle et il insiste sur la métamorphose qu'opère la parole dans le monde de l'enfant.

La mise en mots évocateurs de ce qui pourrait surgir de soi, en soi, entre soi et l'autre si l'on ose s'exprimer, libère des agirs répétitifs et stériles qui ramènent sans cesse à l'insatisfaction et à la frustration de ne jamais être entendu et compris. Envahi par l'imaginaire, le monde intérieur ne parvient plus parfois à prendre forme dans une parole désertée par la force de l'envahisseur. Mais en présence d'une personne significative, au cœur d'une relation à saveur nouvelle, les mots peuvent devenir lieux de renaissance des souvenirs susceptibles de combler les blancs d'une histoire figée dont le cours reprendra sa fluidité et filera vers des ailleurs fascinants. Car nommer c'est faire advenir, c'est frayer la voie au désir, c'est libérer le souffle, l'âme.

J'ai vécu ma formation dans un institut qui accordait au langage métaphorique une vertu curative incontestable. J'y ai appris le langage évocateur des mots et leur pouvoir de transformation. Le mot-image constitue une merveilleuse clef pour libérer des prisons du non-dit. La parole devient dense quand elle est porteuse d'affects, truffée de métaphores, de symboles, de mots-passerelles entre deux inconscients à l'écoute l'un de l'autre dans un désir de réparation de la coupure, de la brisure de l'être survenue dans la séparation originelle.

À travers les mots, accueillir, ressentir les émois comme en écho et diminuer quelque peu l'isolement inhérent à l'originalité de l'être, se permettre « l'éprouvé », c'est-à-dire le droit de ressentir ce qui jaillit en soi. Grâce à une parole partagée, façonner un discours symbolique qui touche l'autre et l'appelle à être, qui l'éveille à l'existence. « Les mots de l'analyste symbolisent, remplacent, recréent les contacts tactiles sans qu'il soit nécessaire de recourir concrètement à ceux-ci : la réalité symbolique de l'échange est plus opérante que sa réalité physique[5]. »

Écouter la langue originale du pays intérieur de celui ou celle qui n'arrive pas à dire, savoir décrypter, saisir le poids du mot échappé soudainement, le mot-surprise qui éclate en lumière ou encore offrir des mots-images comme autant d'hameçons susceptibles de remplir le filet langagier d'où nous pourrons tirer la perle ensablée qui redonnera l'éclat à une vie qui n'en avait plus. S'intéresser à la poésie cachée au cœur de l'autre, la saisir dans son langage comme on sait la saisir dans ses rêves. Curieux paradoxe : le langage révèle toujours ce qu'il met tant de soins à cacher ! S'il est doué de profondeur, il lui arrive aussi de surfer sur le vague d'une mer de mots à perte de sens. Pour redonner à l'échange sa qualité thérapeutique, il devient alors nécessaire de calmer les flots de paroles pour prévenir leur naufrage sur les parois lisses d'un intérieur déserté dans l'effroi.

J'espère avoir illustré assez clairement l'action agissante de la parole dans l'élaboration d'un

---

[5] Didier ANZIEU, *Le moi-peau*, Paris, Bordas, 1985, p. 155.

lien thérapeutique à la fois créateur et révélateur de l'être pour pouvoir en dégager un autre lien de parenté avec l'expérience spirituelle. Dieu en recherche d'alliance avec l'homme est aussi le Dieu de la Parole créatrice et révélatrice. Par sa Parole, il créa l'univers: « La terre était vague et vide, Dieu dit et il advint » (Gn 1, 2-3). « Par la vertu du mot une fois prononcé, quelque chose a commencé d'être qui n'était pas auparavant[6]. » Saint Jean le proclame dans le prologue de son évangile: « Au commencement était le Verbe, tout fut par lui, sans lui rien ne fut. »

Par son souffle, Lui, « l'Âme de toutes les âmes », selon la belle expression de Marie Noël, engendra une création dans laquelle il se dit tout en demeurant voilé. Les réalités spirituelles, comme les réalités psychiques, se révèlent à travers des images, des symboles porteurs de sève. Le symbole a le mérite de cristalliser en une sorte de représentation énigmatique un amalgame de significations plus ou moins claires qui renvoient à des associations fécondes. On dirait des puits intarissables de sens, pour émailler autant l'histoire personnelle de chacun que l'histoire de l'humanité, matrice du divin, et lieu de sa Révélation. « Le passé de l'homme le lie aux origines sacrées

---

[6] Georges GUSDORF, *La parole*, Paris, PUF, 1963, p.115.

de l'histoire, l'interrogation de chaque instant est référée à une préhistoire en laquelle convergent le sens Freudien et le sens Biblique[7]. »

Encore trop de gens pensent que la foi est contenue dans la Bible, alors que la foi véritable nous propose plutôt de voir le monde comme un livre que la Bible nous apprend à lire, à écouter, à déchiffrer. N'est-elle pas la première et la plus lumineuse des interprétations ?

L'histoire des origines se déroule sur la trame symbolique d'un monde d'images et d'allusions, histoire d'un peuple qui évoque ma propre histoire personnelle et celle qui continue de s'écrire sur les lignes d'une contemporanéité qui n'a de nouveau que les formes d'expression d'une humanité de plus en plus fidèle à elle-même, depuis sa naissance au jardin des origines. S'il ne se cache plus sous des feuillages, l'homme d'aujourd'hui disparaît derrière son arsenal scientifique, sa course aux étoiles, ses jeux techniques et sa pseudo-suffisance dans le même désir originel d'échapper à la finitude.

La Bible parle magnifiquement de faits historiques en les enchâssant dans des images évocatrices de la présence et de l'action de Celui qui

[7] Eliane Amado Lévy-Valensi, *La nature de la pensée inconsciente*, Paris, J.-P. Delarge/Éditions universitaires, 1978, p. 421.

s'y révèle et s'y cache tout à la fois. Cela depuis la création, expression poétique par excellence de son Être, de sa magnificence : « Car la grandeur et la beauté des créatures font, par analogie, contempler leur Auteur » (Sg 13, 5). Déjà, quelques siècles avant Jésus Christ, Anaximandre, philosophe présocratique, affirmait que le visible ouvre nos regards sur l'invisible. Mystérieux Dieu des chrétiens qui se dévoile sans cesse tout en demeurant toujours inaccessible !

Il est intéressant de noter au passage que la langue biblique, l'hébreu, à cause de son absence de voyelles, prédispose à la perception intuitive de ce qui est caché. La signification en cette langue est construite sur la racine de l'écoute. « Écoute, Israël » (Dt 9, 1). La parole est nécessairement parlée et écoutée. Voilà une autre ressemblance avec le langage psychanalytique qui cherche à lire dans les manques, dans les pointillés du discours, le mot ne livrant son secret que là où il reprend vie, dans le cours d'un dialogue.

Comme la parole est au cœur de la révélation de l'être dans l'expérience analytique, c'est aussi le Verbe qui devient l'espace ultime de la Révélation dans l'expérience spirituelle chrétienne. « Après avoir tant de fois parlé à nos pères par les prophètes, Dieu nous a parlé par le Fils » (He 1, 1-2). La Parole prend Visage : « Il est l'image du Dieu invisible» (Col 1, 15), «en lui habite corporellement toute la plénitude de la divinité» (Col 2, 9). Lui, Jésus le Christ qui affirmera on ne peut plus clairement cette vérité: «Qui me voit voit le Père» (Jn 14, 9). Témoin saisissant de cette expérience révélatrice, saint Jean écrit: «Nul n'a jamais vu Dieu, le Fils unique qui est dans le sein du Père, lui, l'a fait connaître» (Jn 1, 18). Et il poursuit dans sa première lettre aux croyants: «Ce que nous avons entendu, ce que nous avons vu de nos yeux [...] ce que nos mains ont touché du Verbe de vie, nous en rendons témoignage» (1 Jn 1, 1-2).

La Parole prend visage d'homme! Le «tout autre» devient le «tout comme». Et c'est à partir de notre terreau humain, de notre langage d'homme, de notre réalité charnelle et à travers nos perceptions sensorielles, auxquelles renvoie le témoignage de l'apôtre Jean, qu'il nous révélera notre réalité d'enfant bien-aimé d'un Père qui a donné à son Fils, Premier-né d'entre les morts, le pouvoir de nous entraîner tous avec lui au-delà du passage inévitable de la mort. C'est à partir de nos réalités terrestres que Jésus Christ révèle les réalités spirituelles dans un langage évocateur qui dit et cache à la fois. L'Évangile est rempli d'allusions, de comparaisons, d'images, d'expressions suggestives: «le royaume est semblable à... il en est du royaume comme de la graine jetée en terre... du levain mêlé à la pâte... du filet lancé à la mer... de la perle convoitée à tout prix... du trésor enfoui dans la terre... », etc.

Parole agissante et d'une puissance transformante qui suscite les plus grandes espérances : « Dis seulement une parole et mon fils sera guéri » (Mt 8, 8), supplie le centurion romain. Effectivement, sur la parole du Maître, les flots s'apaisent, le pain et les poissons se multiplient, une femme courbée se redresse, une petite fille ressuscite, un aveugle voit, la chair d'un lépreux retrouve sa beauté. Le Verbe engendre la vie, la suscite et la recrée. Encore aujourd'hui, la fréquentation de Jésus Christ, la relation intime avec lui génère au cœur et dans la vie du croyant des transformations dont on trouve les premiers témoins au fil des récits évangéliques : Zachée, Marie-Madeleine, Pierre, Matthieu et bien d'autres.

Toute expérience chrétienne est enracinée dans cette rencontre avec la Parole, le Verbe incarné. En Lui se trouve le salut, c'est-à-dire la révélation de notre véritable identité et du sens ultime de nos vies. L'icône d'une telle rencontre ? La Samaritaine ! Alors qu'elle pose un geste bien quotidien et simple : aller au puits. Ce jour-là, un voyageur assoiffé bouleversera toute sa vision d'elle-même et du sens de sa vie. Un dialogue étrange s'engage autour de leur soif respective :

celui qui demande à boire affirme du même souffle qu'il est source jaillissante de vie éternelle. De quoi oublier sa cruche! Rencontrée au plus profond d'elle-même, rejointe dans sa quête inassouvie, cette femme peut enfin s'expliquer à elle-même le sens du parcours échevelé qu'elle a mené jusqu'alors et voler vers ses compatriotes pour témoigner de sa découverte: «C'est le Messie!» c'est-à-dire Celui qui donne sens à ce qui semblait n'en pas avoir. Celui qui sauve du non-sens.

Une relation enracinée dans une parole interprétée

Le dernier point de comparaison que je dégage entre psychothérapie et foi chrétienne, c'est celui de l'interprétation. Freud la définissait comme l'art de passer d'une signification apparente au véritable sens caché des événements de notre histoire ou, en langage plus technique, comme le fait de rendre conscient un phénomène inconscient en lui donnant un sens dans l'ensemble d'une vie. Elle permet, par la restauration du sens, de parvenir à trouver une signification à ce qui paraît à première vue indéchiffrable, comme on parvient à lire des hiéroglyphes quand on en découvre la clef de lecture. Le fait d'interpréter permet de saisir, au-delà de ce qui est tangible ou manifeste, l'inattendu, l'insoupçonné, le pas encore révélé de soi.

En observant son petit-fils qui s'amusait, en l'absence de sa mère, à dérouler une bobine de fil qu'il ramenait aussitôt vers lui, Freud, bien sûr avec quelques éléments de la situation du moment, en était venu à saisir que ce jeu symbolisait le départ et le retour de la mère et permettait au petit de supporter, de cette façon, l'absence angoissante. Il en est ainsi des jeux de cache-cache des enfants qui, au-delà du suspense paraître-disparaître vivent, à cette étape de leur croissance, un passage important dans le processus de séparation de leur premier objet d'amour.

L'interprétation, au sens analytique, c'est l'art de capter le double sens, celui qui se donne et se cache à la fois, qui s'affiche et se dérobe en un même mouvement. Paul Ricœur la définit justement comme cette « intelligence du double sens » ou encore « comme le travail de compréhension qui vise à déchiffrer les symboles[8] ». Interpréter c'est « chercher la signification qui ne se donne pas immédiatement, mais symboliquement[9] ». La

[8] Paul Ricœur, *De l'interprétation*, Paris, Éd. du Seuil, 1965, p. 18.

[9] Armand Abécassis, « Guérir de quoi ? », J. D. Nasio, J.-C. Guillebaud et A. Abécassis, *La psychanalyse peut-elle guérir ?* p. 101.

symbolique établit un lien entre deux éléments apparemment sans parenté comme l'explicitent les exemples précédents. En thérapie, on parlera de l'interprétation des symptômes, c'est-à-dire du sens caché derrière une phobie, une obsession, une insomnie qui empoisonnent la vie du patient qui présente ces signes comme incontrôlables malgré leur allure déraisonnable.

L'interprétation des rêves demeure le plus bel exemple de ce travail qui consiste à découvrir, à travers les images oniriques et les situations farfelues de nos voyages nocturnes, le secret désir qui a profité de notre sommeil pour vagabonder et se révéler sous des déguisements qui le cachent et le révèlent subtilement. Le langage du patient s'articule, comme le rêve, à partir d'images verbales qui, interprétées, permettent d'entrer dans les régions riches et fécondes de cet univers de désirs qui dynamisent une vie ou qui la paralysent. Faire sien un sens qui nous était étranger élargit le champ de conscience et favorise un mieux-être et une plus grande liberté intérieure.

Par ce travail d'interprétation, le patient est invité à revisiter sa mémoire et son histoire pour se les réapproprier. En explorant son être dans une sorte de fouille archéologique, il a la possibilité de le soustraire à toute aliénation et de dénouer les impasses dans lesquelles la vie s'est engagée.

Contrairement à ce que l'on croit parfois, la psychothérapie analytique ne se réduit pas au fait de déterrer et de ressusciter des vécus anciens pour les ressasser stérilement. Elle vise plutôt à constituer et à développer, grâce à l'interprétation, de nouvelles versions de ces vécus et à susciter l'expérience de revivre un fait passé d'une manière émotionnelle articulée et pour une première fois significative dans l'histoire d'une vie. Une nouvelle façon de percevoir ce qui s'est passé donne à l'événement un sens nouveau et permet de l'insérer différemment dans la trame de son histoire.

C'est à ce point de notre réflexion que j'imagine l'interprétation comme le carrefour où peuvent se croiser les chemins de la foi chrétienne et de la psychothérapie analytique. Des malins ont dit que si Freud aidait à balayer la maison, il ne l'ouvrait pas nécessairement à la Transcendance!... Bien sûr, mais apprendre à interpréter comme l'a fait Freud, c'est déjà aider l'humain à s'ouvrir aux réalités cachées, invisibles, à plus que ce que l'on voit et touche dans le réel, le palpable. Une psychothérapie nous apprend à voir et à saisir au-delà du premier regard, de la première lecture, le sens caché d'une image, d'un symbole, d'une réalité qui révèle ou masque plus qu'elle-même. Pourquoi ne pourrait-elle pas aussi éveiller un être à saisir le sens caché des symboles, des images, des récits bibliques et le disposer à accueillir une Révélation qui jusque-là lui semblait inconciliable avec son approche uniquement rationnelle du monde et de ses réalités ?

La psychanalyse a apporté une nouvelle compréhension du symbole. Cette clef de lecture aide à capter le message biblique dans toute sa richesse. La Révélation nous est transmise à travers des récits symboliques qui permettent d'exprimer des zones de l'expérience religieuse qui ne sont pas accessibles au raisonnement conceptuel mais qui n'en sont pas moins des réalités d'un autre ordre. Apprendre à interpréter c'est apprendre à décoder le langage humain de la Révélation, langage imagé qui exprime des réalités spirituelles à l'aide d'images terrestres.

La Parole éternelle s'est incarnée dans l'histoire, à une époque précise et dans un milieu culturel particulier. La Bible est à la fois divine et humaine. Pour la bien saisir, il nous faut l'interpréter. Cela suppose de bien comprendre ce qui a été dit dans une autre époque, à des gens d'une autre culture, vivant dans un autre contexte historique, avant d'apprendre à entendre la même parole pour les humains de notre temps. En utilisant des images et des symboles, les auteurs bibliques désiraient refléter les vérités spirituelles qu'ils avaient reçues de la part de Dieu de manière analogique. C'est le message qu'elles contiennent que la foi chrétienne, par le biais de l'exégèse, tente de déchiffrer à travers les Écritures : en révélant le divin, ce message me révèle à la fois le sens de mon histoire et celui de l'histoire humaine dans laquelle ma destinée est inscrite.

En effet, tout en vivant les mêmes situations historiques que les peuples voisins, le peuple d'Israël, éclairé entre autres par les prophètes, a discerné dans ces événements l'agir et la présence de Yahvé, fidèle à l'Alliance conclue avec le patriarche Abraham : Tu seras mon peuple, je serai ton Dieu. Peuple choisi dans un geste d'une pure gratuité sans mérite de sa part : « Si Yahvé s'est attaché à vous [...] c'est par amour pour vous » (Dt 7, 7-8). Peuple choisi pour une mission bien spécifique : « Vous serez mes témoins pour qu'on me connaisse et que l'on me croie sur parole et que l'on comprenne que c'est moi [...] le Créateur, le Sauveur, le Dieu de toute la terre » (Is 43, 10 ; 54, 5). Cette révélation de Dieu à son peuple à travers une série d'interventions dans son histoire lui permet de lire différemment les événements de l'évolution du monde dans laquelle il est impliqué. Comme le chrétien d'aujourd'hui !

C'est la relecture de cette histoire sainte que le Ressuscité propose aux marcheurs d'Emmaüs comme la clef de compréhension de leur propre histoire personnelle. Il devient pour eux, à ce moment, Celui dont la rencontre peut illuminer la route en leur révélant la signification profonde des événements qui les ont bouleversés. Luc écrit qu'il leur interpréta les Écritures, c'est-à-dire qu'il leur révéla le sens caché des événements vécus. Au-delà de ce qui semblait arriver, se profilait une merveilleuse réalité qui donnait à voir autrement ces faits humainement inacceptables. L'étranger répondait ainsi à leur exigence de sens, sous forme d'appel et de réponse, exigence tout aussi fondamentale chez l'humain que la recherche de Vérité éclairée par la science, sous forme de problème et de solution. L'Étranger devenait alors la Révélation par excellence. En Lui s'étaient accomplies les Écritures.

Au terme de l'établissement de ce parallèle entre psychothérapie et foi, il est fascinant de découvrir que les deux avenues acheminent vers la profondeur de l'être et mettent en contact avec la soif d'absolu qui le caractérise. Toutes deux développent « l'intuition du dedans[10] ». Le pasteur Alain Houziaux considère « la psychanalyse

[10] J. D. Nasio, « Guérir, c'est porter un regard neuf sur soi-même », dans J. D. Nasio, J.-C. Guillebaud et A. Abécassis, *La psychanalyse peut-elle guérir ?*, p. 84.

comme un travail de vérité qui peut permettre de découvrir ce que Jésus Christ appelle “l’Unique Nécessaire”[11] ».

Toutes deux poursuivent le même objectif, celui de libérer la vie par des sentiers avoisinants : le développement, dans le temps, d’un lien de confiance par le biais de la Parole créatrice et libérante grâce à une interprétation porteuse de sens et révélatrice de l’identité. Atteindre le but, dans les deux expériences, ce sera essentiellement dégager la vie. Vivre en régime humain, comme en vie chrétienne, c’est accéder au dialogue qui suppose, sur le plan intuitif, compréhension chaleureuse d’autrui, donc capacité d’aimer.

Une différence fondamentale demeure cependant entre les deux démarches quand on parle de libérer la vie. « L’âme est plus vaste que la psyché, [...] elle a pour fine pointe un cœur, espace de rencontre et centre inviolable de liberté[12]. » Alors que l’analyse parvient à apaiser bien des angoisses, la foi, selon la pensée d’Eugen Drewermann, serait la seule réponse à l’angoisse existentielle tapie au cœur de tout être humain comme la trace indélébile de sa source et de son avenir. Et il ajoute que

[11] Alain Houziaux, « Le divin, l’angoisse et la foi », *ibid.*, p. 39.

[12] Gérard Dorsaz, *Psycho-spiritualité, l’alliance qui guérit*, Paris, Presses de la Renaissance, 2008, p. 247.

cet apaisement ne se vit pas dans l'abstrait. Il est « le fruit d'une rencontre avec une personne absolue qui catalyse la confiance ». Rencontre amorcée dans les images de la psyché sans doute, mais qui atteint son point culminant dans la personne du Verbe fait chair, Jésus, le Christ pour toute personne à qui la grâce est donnée de Lui ouvrir l'auberge de son cœur.

CHAPITRE 5

Un itinéraire singulier

BIEN QU'AYANT IDENTIFIÉ certains points de rapprochement entre psychothérapie analytique et foi chrétienne, je demeure convaincue de la nécessité de respecter l'originalité de chacune des deux approches. D'aucune manière, je ne voudrais laisser croire que la première conduit nécessairement à l'autre, pas plus que je ne voudrais les présenter comme inconciliables ou, au contraire, comme assimilables l'une à l'autre.

Je ne peux que témoigner de la façon dont j'ai pu conjuguer, dans mon parcours personnel, pensée psychanalytique et conviction chrétienne dans une heureuse complémentarité sans toutefois nier les tensions inhérentes à une telle conciliation. En effet, une double allégeance entraîne, pour être fidèle à l'une et l'autre, une certaine capacité de vivre sa foi en chacune en portant avec sérénité les questionnements soulevés au cours de la trajectoire, sorte de pèlerinage vers

Emmaüs, vers l'auberge de la rencontre, vers le cœur de l'être.

Adolescente, j'avais rêvé de devenir médecin. Pour diverses raisons, à cette époque, de telles études ne m'étaient pas accessibles. Je devins donc enseignante. Vingt ans plus tard, quand je me suis retrouvée à l'Institut de Psychothérapie, j'ai réalisé que mon désir de prendre soin de la vie ne m'avait pas quittée.

Au cours de mes années d'enseignement, j'avais recueilli les confidences de plusieurs jeunes désemparés, désabusés, blessés dans leur être profond, en mal de vivre ou de survivre. J'assumais, entre autres, le cours de catéchèse, où, bien sûr, je leur annonçais la Bonne Nouvelle d'un salut, mais je sentais le besoin d'incarner davantage ce message de manière à le rendre tangible et significatif dans le concret de la vie des jeunes. Me serait-il possible de m'engager plus avant dans une action qui attesterait l'authenticité de la Parole faite chair pour la vie de chaque être humain ?

La confiance qu'ils me témoignaient, je l'interprétais comme un cri dévoilant et dissimulant d'un même souffle un grand besoin de secours. À la manière des adolescents, quoi ! J'avais le goût de collaborer à leurs efforts pour tenter de vivre envers et contre tout. Ce qui avait été semé en moi et qui revenait sans cesse comme un appel allait prendre forme d'une façon inattendue. Souvent à court de moyens, face à mes limites, troublée par leur souffrance, dans un désir de leur être plus secourable, à la suggestion d'une amie, je me suis inscrite au programme de formation en psychothérapie analytique, à l'Institut situé dans le voisinage de l'école. Je pouvais donc poursuivre l'enseignement tout en suivant la formation.

Et je me suis fait prendre au détour du chemin : pour satisfaire aux exigences de ce programme, il me fallait vivre moi-même l'expérience d'une thérapie analytique... C'est donc dans ma propre vie que j'ai eu à découvrir l'influence de l'inconscient pour tenter de m'approprier le plus possible tout mon potentiel pour l'actualisation de cette mission.

Reprendre, à l'orée de la quarantaine, le fil d'une vie, le laisser se dérouler à l'aide de l'association libre et à la lumière des rêves qui surgissent çà et là, dans une mise en mots du « jamais dit », laisser remonter à la surface ce qui a été enfoui sous plusieurs couches de silence, lever le refoulement, quelle aventure exigeante ! Et quelle sagesse de la faire vivre d'abord à qui se prépare à devenir guide vers cette plongée en profondeur au cœur de l'être.

Sortir un à un les personnages qui ont peuplé mes jeux d'enfant, bercé mes chagrins ou ignoré mes détresses, vider la boîte de mes souvenirs entassés pêle-mêle, y découvrir ce petit cheval de bois, objet d'envie et occasion de chicanes fraternelles, cette poupée éventrée par la main ennemie et tant d'autres articles évocateurs d'un triomphe ou d'un échec cuisant, première brèche dans un tissu narcissique fragile. Quel risque !

Comment la petite fille que j'avais été était-elle devenue la femme que j'étais ? Et comment cette femme, au mitan de la vie, pouvait-elle parfaire les contours de son identité ? Sous le regard bienveillant de ma thérapeute, pratiquant une écoute qui ne s'étonne et ne se lasse jamais, j'ai apprivoisé l'image de moi-même dans toute sa réalité. J'ai dû renoncer à ce qui restait en moi de la toute-puissance de l'enfant pour accepter les limites incontournables de la réalité. Je me suis libérée des pièges de l'imaginaire pour m'enraciner dans le terreau d'une humanité confrontée au manque en elle, et autour d'elle.

De l'adolescence, il a fallu exorciser les fantômes, nommer les peurs, surtout celles liées au monde pulsionnel à la fois éblouissant et affolant, identifier les fuites et les échappées dans le rationnel, redécouvrir la féminité dans toute sa beauté, me réapproprier mon corps, l'habiter avec plus d'aisance, désamorcer les colères, désenclaver la vie émotive de ses blocages et redonner à chaque personnage et événement marquant sa juste place dans l'histoire de cette tranche de ma vie. J'ai pu me dégager de culpabilités paralysantes, d'interprétations aliénantes, d'interdits inhibiteurs, libérant ainsi en moi une part des énergies enlisées dans les méandres d'une adolescence qui avait connu ses moments sombres et ses exaltations.

À cette époque, j'étais engagée en vie consacrée depuis quinze ans. J'ai eu la chance de vivre ma formation religieuse dans le vent du large du concile Vatican II. La Parole de Dieu, remise en lumière alors, a tenu une très grande place dans mon cheminement spirituel. Bien qu'élevée dans un milieu familial profondément marqué par la foi chrétienne, c'est à vingt ans seulement que j'ai découvert la beauté, la richesse et la puissance des textes fondateurs du catholicisme.

Au cours de ma thérapie, j'ai donc pu nourrir chacune des étapes de mon évolution de paroles bibliques déjà connues, mais qui prenaient une densité et une valeur nouvelles dans ce contexte. J'ai grandi dans le climat religieux des années 1950-1960 et je n'ai pas échappé aux relents de religiosité dont l'époque conciliaire nous aidera plus tard à nous délester. Il m'a fallu retrouver le Dieu de l'enfance non pas pour en abandonner la poésie, mais pour en redessiner les traits maintenant à partir de ma propre expérience spirituelle.

Me rappeler la voix de ma mère, au soir tombant, m'invitant à « donner mon cœur au Bon Dieu », et plus tard, celle grave et lente de mon père, étirant le *Notre Père* du chapelet quotidien, agenouillé au pied du crucifix. Qui pouvait bien être le Bon Dieu pour qu'on lui donne ainsi son cœur et que mon père si fort se courbe à ce point devant lui chaque soir ?

Dans le fil de ma thérapie, ces questions sont montées comme tant d'autres. Sans en traiter expressément sur le plan religieux, ma thérapeute les accueillait et les analysait au même titre que tous mes autres questionnements. Il m'a semblé que la maturité de ma foi a grandi en même temps que ma maturité humaine s'est peu à peu développée, le moi gagnant du terrain sur ce que l'on appelle le ça et le surmoi, c'est-à-dire sur le monde pulsionnel et les empreintes de l'influence parentale et éducative.

Sur ce chemin de réappropriation de mon être, je n'ai pas rencontré de carrefours où il m'aurait fallu choisir entre la voie spirituelle et l'éclairage psychanalytique. Ce que je découvrais grâce à ma thérapie, il m'était donné de le relire à la lumière de la Parole de Dieu, laquelle prenait une saveur toute particulière et une signification nouvelle.

Par exemple, relire la parabole de la drachme perdue (Lc 15, 8) et me reconnaître dans cette femme qui fait de l'ordre dans sa demeure pour y retrouver la part d'elle-même qui lui redonnera sa joie de vivre et le goût de relations festives avec ses amies et voisines. Ou encore celle de l'ivraie et du bon grain (Mt 13, 24) pour accepter sereinement le mélange en moi du meilleur et du pire comme étant la vérité de ma réalité d'être humain fini, limité, mais aussi tout juste « un peu moindre qu'un dieu » (Ps 8). Et celle de la perle précieuse, évocation de ce qui est indestructible en moi, inviolable, intouchable, empreinte et marque de ma grandeur et de ma dignité parce que je suis créée à l'image de Dieu. Puis ce trésor enfoui dans un champ n'est-il pas le symbole de cette quête de l'Essentiel qui donnerait tout son sens à ma vie ? Cet Essentiel que la fondatrice de ma communauté, sainte Angèle Mérici, avait découvert en Jésus Christ puisqu'elle l'appelait « l'unique trésor » ?

Sur ce parcours, les moments d'intériorité devenaient des espaces précieux où je pouvais intégrer ce que j'avais découvert dans l'échange thérapeutique. Aux événements qui, par l'effet d'une mise en mot libératrice, avaient déjà acquis un sens nouveau dans mon histoire, s'ajoutait une signification de surcroît, celle que je tirais des textes bibliques.

Sans être appelée à choisir radicalement l'une ou l'autre des avenues évoquées précédemment, j'ai cependant été amenée à revoir les fondations sur lesquelles j'avais établi ma vie spirituelle. Était-ce sur le roc ou sur le sable ? Sur la foi en une personne, le Christ, ou sur le sable des croyances ? Mon expérience en thérapie m'avait appris la puissance créatrice et révélatrice de la parole. N'était-ce pas grâce à la parole que s'était établie, entre ma thérapeute et moi-même, une relation d'une qualité telle qu'elle m'avait appelée à me poser et à me révéler devant elle ? Notre rencontre s'était déployée dans un univers de mots émanant d'un silence propice à l'éclosion du verbe.

Et c'est aussi grâce à la Parole, le Verbe fait chair, que je pouvais rencontrer le Tout-Autre qui habitait au fin fond de mon être dans une expérience spirituelle. Il y a quelques années, alors que j'assistais à un magnifique spectacle amérindien intitulé Kiugwe, c'est-à-dire le grand rendez-vous, j'ai été touchée d'apprendre que les Amérindiens exprimaient leur intuition de cette présence divine de la façon suivante : l'être humain a une âme dans laquelle il y a un sanctuaire où habite le Grand Esprit. J'ai par la suite pensé que c'était sans doute dans cette croyance toute naturelle que Marie de l'Incarnation avait trouvé un terreau idéal pour ensemencer la révélation exprimée ainsi en saint Jean : « Si quelqu'un m'aime, dit Jésus, il gardera ma parole, mon Père l'aimera nous viendrons chez lui et nous ferons en lui notre demeure » (Jn 14, 23).

Une telle parole m'invitait à l'intériorité qu'un chemin de thérapie avait favorisée en me mettant en contact avec Celui qui vivait au plus profond de mon être. Je découvrais cet espace en moi d'où jaillissait la Vie, espace où avait mûri depuis toujours ce désir de vivre et d'aider les autres à vivre. Ce chemin d'analyse personnelle libérateur et intégrateur des forces vitales en moi me préparait merveilleusement à la pratique de la psychothérapie. Pourquoi et comment ? Parce que la foi sur laquelle se déploie la vie spirituelle, bien que d'un autre ordre, n'est pas complètement étrangère à celle qui sous-tend l'action du thérapeute. En effet, pour exercer la psychothérapie analytique, il faut croire. Croire dans l'existence et l'action de l'inconscient, croire en la vie, croire aussi en la possibilité de devenir secourable pour l'autre, croire en soi donc, mais surtout croire en l'autre : « Il a en lui ses ressources ; s'il y a dans son histoire des limitations, elles sont aussi le moteur même d'un changement[1]. »

Je me suis souvent émerveillée devant la générosité et la ténacité de mes collègues, preuves de

[1] Bernadette Tanguay, « Paulette Letarte ou Être psychanalyste », *Filigrane*, vol. 12, n° 2, automne 2003, p. 84.

leur foi en la force de vie présente au cœur de leurs patients. Et ce, sans connaître leurs convictions concernant la foi chrétienne puisque la neutralité de notre pratique respecte ce domaine bien personnel à chacun. De la même façon, j'ai souvent été remuée devant l'engagement et l'intérêt manifestés pour le mieux-être et le bonheur de ceux et celles qu'ils accueillaient avec un parti pris évident pour le triomphe de la vie sur la mort.

Bien qu'étant pratiquement la seule religieuse dans le milieu psychanalytique, je n'ai jamais été mal à l'aise dans les colloques, les congrès, les sessions de formation avec mes collègues, croyants ou pas, avec qui je partage cette passion que je qualifie d'humanisme entêté, laquelle se double pour moi d'une vision chrétienne. Je suis convaincue que la vie, qui mérite un tel combat, trouve dans cette vision un sens et une valeur inouïs. Une telle conviction ne peut que colorer, inspirer mon écoute et teinter mon accueil. Le dynamisme de vie sur lequel repose la foi de tout thérapeute, il est pour moi désir d'infini révélant à la fois l'origine et le terme de tout parcours humain.

Extérieurement, j'exerce ma profession comme tout psychothérapeute, puisant à la même science, utilisant les mêmes techniques, dans la neutralité nécessaire pour le déploiement de l'autre, mais animée intérieurement par cette conviction profonde que cet être est destiné, qu'il y croit ou non, à la Vie en plénitude.

Dans ma prière matinale, je me prépare à rencontrer les personnes qui viennent à moi dans la confiance. Je prends un temps d'intimité avec Celui qui est le grand Accueillant, Jésus, pour Le contempler dans sa façon d'être avec ceux et celles qui viennent à Lui, les gens de toute catégorie : les blessés, les exclus, les affamés de compréhension, de considération, les désireux de toutes sortes. « La parole me réveille chaque matin pour que j'écoute et me laisse instruire pour que je sache à mon tour réconforter celui qui n'en peut plus » (Is 50, 4).

Me laisser d'abord accueillir moi-même avec ce qui demeure inachevé en moi, inadéquat, mais aussi avec cette richesse et cette force que donne l'assurance d'être l'enfant bien-aimée, appelée à la vie en abondance. « Je suis un petit rien, écrivait Marie de l'Incarnation, mais un petit rien bien-aimé. » Me conforter dans cette certitude que mon action peut être fécondée par l'agir divin, l'Esprit étant agissant partout où la vie tente de gagner sur la mort de quelque nature qu'elle soit.

Souvent, en route vers le bureau, me reviennent les mots d'une prière toute simple de Mme Huguette Leblanc :

Seigneur, viens marcher
au bord de mon lac intérieur
Sur le rivage de mon cœur.

Ouvre mes yeux afin que je contemple
Ta présence dans l'invisible de toute vie
Afin que je te reconnaisse dans tout visage
Même le plus défiguré ;
Afin que je t'accueille dans toute personne,
Même la plus blessée et méprisée.
Oui, ouvre mes yeux afin que je voie
En chacun de mes frères
et chacune de mes sœurs
Le tabernacle où tu te tiens et m'attends.

Seigneur, viens marcher
au bord de mon lac intérieur
Sur le rivage de mon cœur.
Rends-moi sensible à la faim des autres,
Sensible à leur faim d'amour, à leur faim de toi.
Prends mes humbles filets et brûle-les d'amour
Afin que je porte ta Parole
comme on porte en soi une Vie.

Puis, je me retrouve le soir, auprès de Jésus Christ, et dans un geste de foi (Lc 4, 40), comme les gens de son époque, je dépose à ses pieds toutes ces personnes rencontrées au cours de la journée. Je les lui confie en sachant combien chacune est précieuse à ses yeux, même si elle l'ignore.

C'est sur cette toile de fond que s'exerce ma pratique. Elle se vit pour moi sous deux sources d'éclairage : la science et la foi. La première me guide dans ma recherche avec le patient quel que soit le sujet abordé, religieux ou pas. La deuxième, toujours présente en moi, soutient mon espérance envers et contre tout.

« Tu as aimé, Seigneur, cette terre. » Cette parole du psaume 85 évoque pour moi le caractère sacré de toute existence humaine et de toute rencontre interpersonnelle. « Ôte tes sandales, fut-il dit à Moïse, le lieu que tu foules est une terre sainte » (Ex 3, 5). Moïse, bien sûr, se trouve ici en présence du Seigneur lui-même. Il n'est pas possible d'établir une parfaite équation entre sa situation et celle du thérapeute qui ne se trouve en fait que devant un être humain, fût-il créé à l'image de Dieu et habité de sa présence. Mais... l'image me fascine. C'est dépouillé de tout signe de pouvoir, de toute marque de puissance que je suis appelée à me rendre disponible au désir de celui, de celle qui cherche le chemin de son propre cœur à la manière d'un pèlerin en marche vers un sanctuaire. Cet être m'apparaît véritablement comme une terre sainte où je ne peux m'aventurer que sur la pointe des pieds, dans le plus grand respect. Je partage ici le point de vue de Gérard Dorsaz quand il écrit :

> Dans ce domaine, il faut bien sûr faire preuve d'ouverture et de respect mutuel [...] et je dis, par expérience, qu'il est facile, pour moi qui adhère à une anthropologie chrétienne, d'aider des patients athées ou agnostiques, à trouver leur propre chemin, pourvu qu'un désir de clarté et d'honnêteté soit toujours présent de part et d'autre[2].

Qu'ils soient croyants ou pas, le thérapeute et le patient remonteront le fleuve vers la source selon les mêmes principes de navigation. En ce qui nous concerne, c'est suivant les règles freudiennes entre autres, celles de la neutralité bienveillante et de l'association libre. L'itinéraire comporte évidemment les mêmes passages obligés par l'angoisse et la remémoration des souvenirs, les mêmes résistances à s'enfoncer dans les dédales évités jusque-là, les mêmes pièges transférentiels à identifier, les mêmes avancées dans des interprétations nouvelles de son histoire.

Que j'aie la foi ou non, le psychisme humain présente la même texture. Comme la circulation sanguine opère de la même façon et emprunte les mêmes artères pour irriguer l'organisme dans tout corps humain, l'énergie libidinale agit de façon similaire dans le psychisme de tout être

---

[2] Gérard DORSAZ, *Psycho-spiritualité, l'alliance qui guérit*, Paris, Presses de la Renaissance, 2008, p. 42.

humain. Les blocages artériels se dénouent selon les mêmes techniques médicales, qu'elles soient pratiquées par un médecin croyant ou pas sur tout patient, quelle que soit son allégeance religieuse.

Ainsi, en remontant le cours d'une vie, tous les sites revisités le sont par le moyen de l'inconscient. Les chapelles et les cathédrales, s'il en est sur le parcours, seront aussi soumises à cette visite guidée. Mais comme pour tout autre lieu visité, ce sera afin de dépoussiérer les icônes des traces infantiles, de désencombrer le sanctuaire du factice, d'effacer les empreintes morbides des culpabilités malsaines et/ou du scrupule aliénant. Ce décapage permettra aux vitraux de laisser passer davantage, à travers les visages vénérés, la lumière du soleil dans toute sa force et sa chaleur transformante.

Grâce à la neutralité bienveillante, je puis offrir au patient l'espace d'accueil favorable à la découverte de lui-même sur cette route qui devrait le conduire au plus profond de son être. C'est souvent le premier bienfait d'un parcours psychanalytique que la réunification d'un être dans tous ses possibles. « Je vous rassemblerai sur votre terre », lit-on au livre du prophète Ézéchiel (Ez 34, 13). La plupart des personnes qui arrivent en thérapie vivent en exil, loin d'elles-mêmes. Cette terre, leur terre, elles ne l'habitent pas vraiment. Certaines en ignorent même l'existence, d'autres l'ont quittée après le passage destructeur de quelque envahisseur ou ont érigé des barrières protectrices autour de zones à protéger et à défendre, d'autres enfin n'en connaissent qu'une infime partie ou quelques morceaux épars qu'elles tentent de rapailler pour s'y établir enfin.

Comment alors devenir cette présence non menaçante qui acheminera l'autre vers ces régions redoutées de sa terre, sur ce terrain miné par endroits, sans provoquer davantage de ruines ? Comment changer ces images fantasmées de lui-même, ces perceptions fausses issues de souvenirs toxiques afin de retourner cette terre pour en découvrir la richesse et toute la beauté ? Ne faut-il pas délier tous les doigts de notre affectivité, les rendre souples et vibrants puis apprendre progressivement à nous identifier à l'autre sans nous confondre avec lui ?

À travers les débris d'expériences destructrices, comme des sauveteurs fouillant les décombres après un cataclysme, il nous faut dégager le moment significatif de ce premier univers sur lequel appuyer l'élan d'une reconstruction. Dans le récit pour une énième fois refait d'un chagrin d'enfant, de tel moment d'abandon, de tel geste méprisant, enfin découvrir une étincelle de vie à partir d'une parole inattendue du thérapeute qui fait éclater un vieux schème et surgir une image donnant un tout autre sens à l'événement.

Par exemple, un homme âgé affirmait n'avoir jamais été aimé de sa mère. Or, voici qu'un jour, tout bonnement, au milieu d'une anecdote, il mentionne qu'enfant il avait été si gravement malade que sa mère avait dû le prendre dans son lit pour veiller sur lui et lui prodiguer des soins exigeants. Et ce, pendant plusieurs semaines. Je m'exclamai alors: « Comme il fallait qu'elle vous aime pour s'astreindre à cela pendant des nuits ! » Estomaqué, il me répondit: « Je n'ai jamais réalisé cela ! » Et, sur cette nouvelle image de sa mère, il a pu refaire sa propre image et trouver l'estime de lui-même et un goût de vivre qu'il n'avait jamais connu auparavant, hanté qu'il était par des idées suicidaires entretenues par cette impression de n'avoir aucune valeur.

C'est toujours émouvant de voir surgir de petites pousses de vie sur le tissu dépressif d'une existence comme autant de petites gouttes d'espérance qui entretiennent, à la manière de la rosée matinale, la fraîcheur nécessaire au développement de nouvelles raisons de vivre pour contrer les forces de mort toujours prêtes à étouffer l'élan de vie.

Si mes connaissances psychologiques demeurent mes premières références et si la foi tout humaine en la puissance de la vie m'aide à tenir bon dans ces combats, je puise également dans la vision chrétienne que j'ai de l'être humain, comme étant porteur d'une puissance de vie indestructible. Ma foi chrétienne en la victoire définitive de la vie sur la mort dans la personne du Christ Ressuscité, qu'elle soit partagée ou pas par mon patient, me procure à moi un ancrage précieux pour défier les vagues du courant dépressif. Cette conviction me permet de garder bien vivante l'espérance dont le patient a besoin pour appuyer la sienne, fragile et friable à cette étape de sa vie. Et s'il se trouve que lui aussi possède cette foi en Dieu et qu'il désire s'y appuyer, toute la richesse des images bibliques s'ouvre à nous comme un puits offrant un « plus » de sens et de signification.

Il arrive que le patient me parle du secours que lui apporte sa foi. Telle cette personne qui trouvait dans la prière des psaumes un apaisement de son angoisse, et dans la certitude d'être aimée de Dieu, une raison de continuer à marcher et à faire confiance. Quand elle me quittait en me disant : « J'espère que vous priez pour moi », elle savait bien que c'était acquis étant donné mon statut... et cet état de fait intensifiait la confiance indispensable pour parvenir au bout du tunnel sans que j'ajoute quoi que ce soit.

Il arrive par contre qu'un patient déblatère contre la religion qu'il perçoit comme la cause de ses sentiments de culpabilité, de ses inhibitions ou de ses malheurs. Contre Dieu même parfois.

J'écoute sa révolte comme toute autre expression de violence, convaincue que cette mise en mots constitue le début d'un chemin qui conduira à la découverte, très souvent, d'une fausse image de Dieu constituée à partir d'un surmoi écrasant et d'une maladroite éducation religieuse. Si Job a pu accuser l'Éternel et lui intenter un procès, qui de nous peut s'opposer à cet exercice libérateur ?

Des personnes consacrées qui avaient perdu tout attrait pour la prière et la rencontre de Dieu après des épreuves pénibles survenues sur le chemin de leurs engagements ont pu, grâce à une écoute exempte de tout jugement et empreinte de compréhension, remonter à la source de ce malaise, puis découvrir ou redécouvrir le Visage miséricordieux du Père dont le regard n'avait jamais cessé de scruter l'horizon dans l'espoir de leur retour dans l'intime de sa demeure. Comme le Père du fils perdu dont parle Jésus. Quelle joie d'être accueilli par un Dieu plus grand que notre propre cœur ! Et quel bonheur, pour la thérapeute, d'être devenue le « passage privilégié de cette grâce[3] ».

Au fil des rencontres, j'ai expérimenté que les attitudes requises pour exercer la psychothérapie

[3] Christiane Singer, *Derniers fragments d'un long voyage*, Paris, Albin Michel, 2007, p. 70.

analytique coïncident merveilleusement avec les dispositions chrétiennes évoquées par saint Paul quand il écrit aux Romains : « Soyez accueillants » (14, 7) et aux Colossiens : « Revêtez des sentiments de tendre compassion, de bienveillance, d'humilité, de douceur, de patience » (3, 12-14). C'est l'écho des paroles mêmes de Jésus Christ : « Montrez-vous miséricordieux [...] ne jugez pas. [...] ne condamnez pas » (Lc 6). « Prenez garde à la manière dont vous écoutez » (Lc 8, 18).

Pour l'exercice de la psychanalyse, Freud recommandait en premier lieu une attitude de neutralité bienveillante, une sorte d'accueil inconditionnel dont la pratique n'est pas aussi facile qu'on pourrait le croire de prime abord. Cette disposition, cette posture de tout l'être exige beaucoup d'humilité, de modestie, de foi dans l'autre et un altruisme non acquis au point de départ. Attitude que le thérapeute doit concilier avec un engagement émotionnel et l'expression d'une bienfaisante chaleur humaine. « Il doit ressentir envers ses patients un certain amour [...] de la sollicitude et de la compassion. Sa manière d'être tout comme l'atmosphère de la situation analytique doivent le laisser transparaître[4]. » Or, le travail

[4] Ralph. R. GREENSON, *Technique de la pratique de la psychanalyse*, Paris, PUF, 1977, p. 444.

analytique exige aussi un climat de saine privation qu'il faut savoir allier avec l'intérêt démontré donc un heureux dosage que l'expérience, mais aussi l'attention à l'Esprit, peut aider à équilibrer.

Au cours de ma formation, j'ai bien vite été invitée à centrer mon attention sur la personne en évitant de la considérer comme un « cas » selon une expression malheureusement trop véhiculée. Quel thérapeute n'a pas entendu de la part de son patient lui-même l'une ou l'autre de ces questions : « Que pensez-vous de mon cas ? » Ou bien : « Pouvez-vous faire quelque chose pour un cas comme moi ? » Qui en est venu à se considérer ainsi a besoin plus que tout autre d'expérimenter l'écoute empathique, compatissante d'un être qui intuitionne ce que l'autre peut ressentir, un être qui ne juge pas, qui ne catégorise pas. Au contraire, un être dont le regard et toute l'attitude semblent dire : « Quel est ton tourment ? » selon la formulation suave de la grande philosophe française Simone Weil.

Il faut compter avec le temps qui met à l'épreuve la patience pour que les mots viennent. Compter également sur un mélange de douceur et de détermination qui s'inscrit dans le respect de la liberté de l'autre et dans la confiance dans les puissances de vie enfouies au cœur de l'humain. Compter aussi avec l'humour, sorte d'appel au jeu partagé. « L'humour tendre qui laisse entendre au patient le plaisir de regarder et de découvrir ensemble[5]. »

Ces valeurs rejoignent celles que je me suis engagée à vivre plus étroitement encore à la suite de la fondatrice de ma communauté, qui nous exhorte ainsi dans les termes savoureux de son époque : « Soyez affables et humaines [...] pleines de sollicitude[6]. » Ces conseils s'actualisent dans un appel à vivre une charité profondément humaine dans son expression, charité qui doit se répandre en gestes de bonté révélant quelque chose de la tendresse de Dieu[7].

La contemplation de Jésus Christ, à mon sens le plus grand des humanistes, favorise le développement progressif de ces attitudes à la fois chrétiennes et thérapeutiques qui sous-tendent l'exercice de ma pratique. Le respect auquel a droit tout être humain revêt un caractère sacré quand cet être, à travers la lumière de la Révélation, devient un frère, une sœur, enfant d'un même Père, habité par Celui qui l'appelle à une

---

[5] Bernadette TANGUAY, « Paulette Letarte ou Être psychanalyste », p. 86.

[6] Angèle MERICI, *Avis et Testaments*, 2e avis et 10e legs.

[7] LES URSULINES, *Alliance Nouvelle, Constitutions des Ursulines*, nº 15.

vie d'intimité avec Lui, sorte d'Alliance à saveur d'éternité.

Je me souviens qu'au cours de mes années de formation, nous étions invités à développer cette qualité d'accueil pleine de respect et de compassion :

> N'oubliez jamais que c'est la chair de leur cœur que vos patients déposent en toute confiance dans la chaleur de votre affectivité. C'est avec tout le respect et la discrétion que toujours vous recueillerez ces aveux souvent trempés de larmes. Les secrets des autres sont les tranches les plus douloureuses de leur vie. Apprenez à les recueillir comme on extrait, pour transfusion, du sang humain : avec précaution, technique et délicatesse. C'est à ce trait qu'on reconnaîtra que vous avez la sensibilité requise pour porter avec un autre le poids de l'humain[8].

C'est à genoux, nous disait-on parfois, que nous devrions recevoir ces confidences. Tout au moins à genoux intérieurement ! Car une des attitudes les plus importantes pour un thérapeute, c'est cette sorte d'humilité qui le dispose à se mettre au service de la vie et qui le garde dans une juste image de lui-même et de sa mission. Un aidant, non un sauveur ! L'écueil de l'enflure

---

[8] Henri SAMSON, « Lettres aux futurs thérapeutes », Institut de Psychothérapie du Québec, septembre 1965, p. 1-2.

narcissique néfaste à toute action thérapeutique menace toujours le thérapeute nourri en cela par les attentes du patient qui le perçoit souvent comme le messie tant attendu. Quand à sa modestie naturelle s'ajoute, chez le thérapeute, cette certitude que, en définitive, c'est Dieu qui sauve, il est sans doute plus à l'abri de la tentation de l'omniprésence et de la toute-puissance.

Il est conscient aussi que l'autre est le premier agent collaborateur de son salut, donc il affiche un respect marqué d'une grande considération pour le désir de l'autre et d'un grand souci de sa liberté. Ce qui suppose l'adaptation d'un rythme et d'une cadence qui tient compte de l'autre dans sa capacité d'aller plus loin. En cela aussi, la pédagogie de Jésus Christ s'avère éclairante: «J'ai encore beaucoup de choses à vous dire, confiait-il à ses disciples un jour, mais vous ne pouvez pas les porter maintenant» (Jn 16, 12). Attention donc aux interprétations prématurées, brandies à la gloire du thérapeute qui a vu, et le proclame avec fierté, au détriment de celui qui n'est pas prêt à recevoir ce qu'il aurait eu du plaisir à découvrir lui-même à mesure que ses yeux se seraient ouverts.

Si ma relation aux patients est marquée par ma vie de foi en Dieu, il est aussi vrai d'affirmer que ma relation à Dieu est transformée par ma pratique de la psychothérapie. Je lisais récemment le témoignage d'une religieuse auxiliatrice, aumônier de prison en France, qui écrivait à ce propos :

> On ne peut pas être écouté et écouter l'humain à ce degré de profondeur sans que la relation à Dieu n'en soit affectée [...] Plus j'avance dans la connaissance de l'humain, plus j'ai le sentiment de m'approcher de Dieu[9].

Sur ce point, il me faut rendre hommage aux personnes que j'ai accueillies et qui m'ont manifesté tellement de confiance. Grâce à elles, j'ai découvert qu'un être humain possède quantité de ressources insoupçonnées pour renaître, grandir et s'épanouir. En cela, elles m'ont révélé la générosité du Créateur qui a déposé au cœur de chacune un trésor de vie inaltérable et une vigueur insoupçonnée pour le défendre envers et contre tout.

Elles m'ont appris, à la gloire du Créateur, la beauté et la grandeur d'un être humain : la force de la vie que Boris Cyrulnik appelle résilience, la capacité de rebondir malgré les coups du sort, la résistance pour traverser des zones d'ombre et mener des combats intrépides sans perdre cœur et espoir.

Elles m'ont enseigné la fragilité de l'humanitude, la friabilité des liens mal agencés, la préca-

---

[9] Isabelle LE BOURGEOIS, « Dieu et l'homme : même combat », *Panorama*, n° 393, novembre 2003, p. 15-16.

rité d'une estime de soi anémiée en même temps que l'admirable entêtement à poursuivre malgré les blessures et les balafres d'un départ malheureux. Elles m'ont permis de développer des attitudes de compassion, d'accueil inconditionnel et de bienveillance qui m'ont fait grandir en humanité et en humilité.

Car il est bien reconnu que le psychothérapeute est transformé lui aussi par l'expérience thérapeutique :

> De ses voyages avec l'autre dans la profondeur de l'inconscient, le psychanalyste ne peut donc pas oublier qu'il retire sa part de gratifications ; découverte toujours renouvelée de la complexité de l'être humain qui, portant en lui tant de richesse et de tragédie, tant d'espoir et de déception, s'adresse à l'analyste espérant trouver enfin un sens à son désir. Ces trajets maintiennent chez le psychanalyste l'ouverture sur sa propre écoute intérieure ; ce qui lui donne souvent accès à quelque fragment nouveau de son propre mystère[10].

J'ai pu créer, avec ces personnes, des alliances de travail tout aussi précieuses qu'exigeantes, qui nous ont conduites à des joies profondes lorsqu'elles ont pu, ayant retrouvé l'estime d'elles-

---

[10] Andrée LARIVIÈRE, « Prendre le temps... », *Filigrane*, n° 3, automne 1994, p. 11.

mêmes, se relever, se déployer et s'engager dans des relations affectives stables. Grâce à ces expériences, j'ai pu réaliser mon rêve d'adolescente : prendre soin de la vie, favoriser la vie, la défendre, la susciter. En cela, vivre ma maternité et en goûter les joies dans l'épanouissement d'une féminité dont je suis de plus en plus fière.

Je dois aussi remercier mes collègues. Quand je les vois consacrer tant d'énergies au service de la vie et consentir à s'engager dans une lutte têtue pour le triomphe de celle-ci sur les tentacules mortifères qui l'étouffe, il m'est plus facile de croire en un Dieu qui a ressuscité son Fils bien-aimé, ne pouvant se résoudre à le laisser au pouvoir de la mort. Si, tout humain que nous sommes, nous pouvons nous investir à ce point pour tendre une main secourable à qui cherche de l'aide, l'amour fou de Jésus Christ – qui se fait l'un de nous pour nous tirer vers la Vie – m'apparaît de plus en plus crédible.

Bref, tant chez mes patients que chez mes collègues, j'ai perçu un désir de vivre et de faire vivre qui rencontre merveilleusement le désir du Tout-Autre se révélant comme Celui « qui a tant aimé le monde qu'il a donné son Fils unique pour que tout homme qui croit en lui ait la vie éternelle » (Jn 3, 16).

Amour et vérité se rencontrent (Ps 84, 11)

Antoine de Saint-Exupéry a écrit un jour: « La vérité se creuse comme un puits[1]. » J'aime beaucoup cette image. Elle évoque pour moi le temps et la patience nécessaires pour accéder à la vérité de son être en même temps qu'elle suggère le surgissement de la vie dans des profondeurs jusque-là inexploitées. Elle me parle aussi d'intériorité, voie privilégiée pour parvenir à une pleine connaissance de soi qui conduit à un amour véritable de tout son être accueilli dans ses forces et ses vulnérabilités.

Au lieu de fuir dans les étoiles ou dans les espaces virtuels, ne devrions-nous pas voyager de plus en plus vers le centre de nous-même dans un effort d'intégration de tout ce que la

[1] Antoine de Saint-Exupéry, « Citadelle », dans *Œuvres complètes*, Paris, Gallimard, coll. La Pléiade, 1959, p. 516.

course effrénée du modernisme et du consumérisme contribue à cloisonner et à morceler ? Julia Kristeva nous prévient que l'homme moderne est en train de perdre son âme : pressés par le stress, impatients de gagner et de dépenser, de jouir et de mourir, les hommes et les femmes d'aujourd'hui font l'économie de cette représentation de leur expérience qu'on appelle une vie psychique. Vie que la psychothérapie analytique permet de découvrir et d'apprivoiser.

Mon expérience m'a appris que sur le chemin de la connaissance de soi et de l'intériorité, deux faisceaux de lumière pouvaient projeter des éclairages différents certes, mais complémentaires : la psychanalyse et la foi chrétienne. C'est souvent lorsqu'on explore les profondeurs de soi-même que surgissent la question du sens et ce désir de découvrir le fondement et l'origine de sa propre pensée, de même que le rapport qu'elle établit avec le monde et le savoir absolu. Une psychanalyste suisse, Danielle Quinodoz, écrit à ce sujet :

> La psychanalyse ne peut pas donner de réponse à ces questions existentielles fondamentales. Par contre, elle peut aider chacun à découvrir sa propre réponse, à la créer par lui-même et pour lui-même[2].

---

[2] Danielle QUINODOZ, *Vieillir: une découverte*, Paris, PUF, 2008, p. 65.

Parmi ces diverses réponses, celle de la foi chrétienne. Et, puisque notre psychisme conditionne nos représentations de Dieu, les croyants peuvent trouver, comme en retour, dans le travail de la thérapie, un lieu favorable au développement d'une foi plus adulte, plus juste.

Plusieurs routes peuvent être empruntées pour faire la vérité en soi et chacune mérite le plus grand des respects. Dans un article de la revue *La Vie,* en décembre 2008, le psychanalyste français Jacques Arènes écrivait que l'intériorité humaine pouvait être appréhendée de plusieurs manières : l'une portée par la tradition spirituelle, et ce qu'elle décrit des mouvements intérieurs, et les autres issues des approches modernes du psychisme, dont la psychanalyse. Aucune de ces approches, ajoutait-il, ne peut prétendre exercer un monopole. De cette différence, de cette tension, naît une inquiétude, mais aussi une grande créativité.

Il me semble important de mentionner ici que, pour reconnaître l'apport de chacun des deux domaines, il faut être parvenu à une honnêteté intellectuelle et à une humilité spirituelle qui se rejoindraient ainsi : « L'humilité spirituelle rencontrerait le renoncement à la toute-puissance et inversement le renoncement narcissique pourrait constituer le socle incontestable d'une spiritualité authentique[3]. »

Les mouvements d'opposition qui ont marqué les premiers rapports entre psychanalyse et foi chrétienne semblent s'estomper ces dernières années. Si demeurent encore, chez certaines gens d'Église, comme chez certains psychanalystes, des méfiances et des rejets catégoriques, nous voyons de plus en plus se dessiner des avenues de complémentarité entre les deux mondes. On semble saisir davantage qu'« unifier, c'est nouer mieux les diversités particulières, non les effacer pour un ordre vain[4] ».

Par exemple, Anne-Marie Saunal, psychanalyste parisienne, n'hésite pas à affirmer : « Non seulement il n'y a pas incompatibilité entre la foi chrétienne et la démarche psychanalytique, mais au contraire l'une et l'autre se complètent et s'enrichissent mutuellement[5]. » Jacques Arènes, déjà cité, croit lui aussi que la foi possède une dynamique qui peut être humanisante et il voit dans la psychanalyse un travail précieux de vérité sur soi.

---

[3] Régis MARION-VEYRON, « Jésuites et psychanalyste », *Choisir*, mai 2005, p. 19.

[4] Antoine de SAINT-EXUPÉRY, « Citadelle », p. 710.

[5] Anne-Marie SAUNAL, « Propos recueillis par Jean-Claude Noyé », *Prier*, nº 312, juin 2009, p. 5.

Nous rencontrons fréquemment des rabbins, des pasteurs et des prêtres qui s'inspirent des découvertes de la psychologie dans l'exercice de leur mission pastorale. Et de plus en plus de thérapeutes affirment que la démarche spirituelle, bien que d'un tout autre niveau que la thérapie, n'en contribue pas moins à soutenir, voire à accélérer et à aider le processus de guérison psychologique. De plus en plus de ponts s'établissent entre foi et psychothérapie. Des itinéraires spirituels qui prennent en compte la vie de la psyché et le corps se développent et semblent répondre à un besoin actuel de nos contemporains. Simone Pacot, dans une entrevue avec Bertrand Révillion, définit ce type de trajet comme un exercice ayant pour but d'apprendre à mettre Dieu à sa place dans nos vies et à laisser l'Esprit vivifier notre humanité tout en la rétablissant dans le plan du Créateur qui nous appelle à aimer comme nous sommes aimés.

Dans le domaine de la psychiatrie, pour établir un juste diagnostic de leurs patients, les spécialistes trouvent maintenant dans la quatrième édition du *Diagnostic of Mental Disorders* (DSM) des indications selon lesquelles les questions d'ordre religieux ou spirituel peuvent être pertinentes dans le cadre d'une thérapie. Et, à certains endroits, des internes en psychiatrie reçoivent des cours de sensibilisation culturelle et religieuse pour mieux comprendre l'impact de la spiritualité dans la vie des gens.

Ce que l'on ne doit pas confondre ne s'oppose pas nécessairement et éviter la confusion ne veut pas dire éviter la rencontre et l'échange. Bien distinguer les deux approches permet de ne pas se méprendre, c'est-à-dire de ne pas confondre nos désirs non purifiés de nous-même avec les désirs de Dieu, ni de confondre les mouvements de la psyché avec les mouvements de l'Esprit, même si l'Esprit doit envahir tout l'être, le psychisme y compris, afin de vivifier toute notre humanité en faisant place à Dieu.

Mieux connaître notre inconscient permet de nous en dégager davantage pour acquérir plus de liberté, pour aimer en vérité sans projeter une ou des images de nous-même sur l'autre personne afin de la voir et de l'accepter telle qu'elle est. La psychothérapie nous établit dans une vérité qui permet de nous aimer davantage, heureux, heureuse d'être telle personne bien identifiée, ayant conquis face à elle-même son droit d'exister dans toute sa réalité. Elle permet de procéder à des changements considérables à l'intérieur de soi, libère des souffrances, délivre des entraves, révèle les véritables capacités, permet de se comprendre, de fortifier son autonomie et de disposer plus librement de sa vie.

Selon l'expression de Marie Romanens, la thérapie nous amène à vivre une reliance plus grande avec nous-même. Et par là même, avec les autres. « Il ne s'agit plus d'un amour naïf ou narcissique mais d'un amour qui concerne l'entièreté de l'autre que l'on sait imparfait, en sachant intégrer amour et haine, et que nous continuons d'aimer même si nous détestons certains traits de sa personnalité[6]. »

Pour qui a reçu la grâce de cheminer sur ce chemin de vérité à la lumière de la foi chrétienne, la découverte de cet espace en creux au profond de son être devient la demeure du Tout-Autre. Une jeune juive, Etty Hillesum, morte à Auschwitz, nous a laissé dans son journal une trace émouvante de son expérience psychologique et spirituelle dans laquelle elle est parvenue à assumer son humanité dans toute sa vérité en la vivant dans un amour coulant de source divine. Elle écrit : « Il y a en moi un puits très profond. Et dans ce puits, il y a Dieu. Parfois je parviens à l'atteindre. Mais plus souvent, des pierres et des gravats obstruent ce puits, et Dieu est enseveli. Alors il faut le remettre au jour[7]. » Et ce sera son

---

[6] Roger DUFRESNE, « *Vieillir : une découverte,* de Danielle Quinodoz », ouvrage recensé, *Filigrane,* vol. 18, nº 2, automne 2009, p. 98.

[7] Etty HILLESUM, *Une vie bouleversée,* Paris, Seuil, 1985, p. 58.

plus grand désir de susciter cette remise au jour non seulement en elle, mais aussi dans le cœur des autres.

Cette rencontre de la vérité et de l'amour, j'y crois tout autant que le psalmiste dont la prière a inspiré le titre de ce dernier chapitre de ma réflexion. Parole qui me semble illustrée de façon fantaisiste dans un film récent : *Oscar et la dame rose*[8]. Oscar est atteint d'un cancer contre lequel la science ne peut plus rien. Impuissant devant le mutisme du petit, le médecin implore une dame, avec qui Oscar a fortuitement fait connaissance, de visiter l'enfant chaque jour puisque le petit ne parle qu'avec elle. Après bien des résistances, Madame Rose accepte de relever le défi si l'établissement s'engage à l'encourager en favorisant son petit commerce de restauration.

La dame tisse alors avec Oscar une relation significative et touchante sur laquelle il pourra s'appuyer pour aller au-delà, pour transcender la situation et donner sens à son itinéraire en l'ouvrant sur l'infini. C'est en effet à travers et grâce à l'affection de madame Rose que l'enfant peut apprivoiser la vérité contre laquelle la médecine ne peut le protéger et que ses propres parents sont

---

[8] Éric-Emmanuel SCHMITT, *Oscar et la dame rose*, France-Belgique-Canada, 2009, 105 min.

incapables de regarder avec lui : sa maladie et sa mort. Sa finitude, quoi ! Et la leur !

Rose invite Oscar à écrire quotidiennement à Dieu, lui révélant ainsi que ce dernier est bel et bien une personne avec qui il peut aussi établir une relation vivante et réconfortante. Par la magie de cette correspondance, la dame favorise la rencontre de la fragilité humaine avec l'amour infini d'un Dieu qu'elle lui présente sous les traits du Crucifié, Jésus, le Christ, icône de la rencontre parfaite entre la vérité et l'amour. Le Christ, en effet, n'a-t-il pas épousé notre humanité dans toute sa finitude dans un geste devenu l'expression même d'un amour sans limites ? N'a-t-il pas réussi ce que le grand philosophe Kierkegaard enseignait comme le défi à relever pour tout être humain, à savoir : aller au bout de sa vérité, en devenant totalement lui-même, et réussir cette synthèse extrême qui consiste à conjuguer en lui le fini et l'infini.

Danielle Quinodoz a le don des « mots qui touchent » et l'art de choisir des images saisissantes pour nous parler de l'être humain dans toute sa vérité quand s'harmonisent en lui matière et esprit, quand la glaise est traversée par le Souffle :

> Pendant longtemps, je me suis représenté l'être humain étiré entre la terre et le ciel, les pieds collés au sol mais la tête dans les étoiles. [...] Mais ce

que je découvre en avançant dans la vie me permet de comprendre les choses autrement : l'étoile est à l'intérieur de l'être humain ; nous ne sommes pas obligatoirement écartelés entre la terre et le ciel, parce que le ciel peut être en nous. Nous ne sommes pas tendus entre le déroulement chronologique du temps et l'éternité, parce qu'ils ne font qu'un : l'éternité peut être en nous. Il nous reste à découvrir à chaque instant la parcelle d'éternité qui se trouve en chacun, même si parfois elle est très bien cachée[9].

[9] Danielle QUINODOZ, *Vieillir : une découverte*, p. 297.

TABLE DES MATIÈRES

Marquis imprimeur inc.

Québec, Canada
2011